中國史學基本典籍叢刊

史略校箋

〔宋〕高似孫撰
周天游校箋

中華書局

圖書在版編目(CIP)數據

史略校箋/(宋)高似孫撰;周天游校箋. —北京:中華書局,2025.1.—(中國史學基本典籍叢刊).—ISBN 978-7-101-16838-9

Ⅰ.K204

中國國家版本館 CIP 數據核字第 2024K5Q175 號

責任編輯:許　桁
特約編輯:王　勖
封面設計:周　玉
責任印製:管　斌

中國史學基本典籍叢刊

史略校箋

〔宋〕高似孫 撰
周天游 校箋

*

中華書局出版發行
(北京市豐臺區太平橋西里 38 號　100073)
http://www.zhbc.com.cn
E-mail:zhbc@zhbc.com.cn
三河市宏盛印務有限公司印刷

*

850×1168 毫米 1/32・8⅝印張・2 插頁・170 千字
2025 年 1 月第 1 版　2025 年 1 月第 1 次印刷
印數:1-2000 冊　定價:56.00 元

ISBN 978-7-101-16838-9

目録

史略卷三

史略卷四

校勘記

〔一〕此分目原脱，據卷二正文補。

〔二〕此分目原脱，據卷二正文補。

〔三〕此分目原脱，據卷二正文補。

〔四〕此分目原作「通鑑」，據卷四正文改。

〔五〕卷五正文原脱此目，據原卷前分目補。

史略淺析（代序）

周天游

史略六卷，南宋高似孫撰，是我國現存最早的一部史籍專科目録。

似孫字續古，號疏寮，浙江鄞（今寧波）人〔一〕。其父高文虎以「聞見博洽，多識典故」（宋史本傳），而屢典國史，曾先後與修四朝國史、高宗實録、神宗玉牒、徽宗玉牒，並撰史記注一百三十卷，惜均散佚不傳。正是在其父的影響和督促下，似孫自幼熟讀經史典籍，旁涉詩詞文賦及衆流百家之書，爲日後的著述奠定了良好的基礎。淳熙十一年（一一八四），似孫爲進士，後歷任會稽縣主簿、秘書省校書郎、徽州通判、秘書省著作佐郎兼權吏部侍右郎〔二〕。其間樓鑰除給事中，曾上疏舉似孫以自代。又知處州，累官中大夫，提舉崇禧觀。晚年還居姚江，卒贈通議大夫。高似孫無論居官在朝，還是歸家賦閑，著述不輟，至死方休。除經略、集略、詩略、古世本、戰國策考、蜀漢書、漢書司馬相如傳注、漢官、烟雨集業已散亡外，傳世的尚有史略六卷、子略四卷、緯略十二卷、騷略三卷、剡録十卷、蟹略四卷、硯箋四卷、文選句圖一卷、文苑英華抄四卷、疏寮小集一卷、江村遺稿十二卷，真可謂是個多産的學者。

史略一書，國内早已失傳，南宋以來官私目録均未著録。直至清末黎庶昌出使日本，隨員楊守敬才於日本東京帝室博物館中訪得此書，遂抄校謄録，刻入古逸叢書。於是，史略復歸本土。此書後又分别編入後知不足齋叢書、四明叢書、叢書集成中。然而除少數目録學專著或論文偶有涉及外，仍鮮爲人知，其學術價值一直未能得到應有的重視。今筆者冒昧將一孔之見，稍加整理，奉獻給讀者，以期取得抛磚引玉之效。

一

史略一書作爲史部專科目録而問世，絶非偶然。它是史學發展的必然結果。魏晉南北朝時期，天下分崩，政局動蕩，經濟凋蔽，而史學却進入了繁盛期。早在魏晉交替之際，於官修文獻目録如魏鄭默中經和晉荀勗中經新簿中，史學已經從經學的附庸地位下擺脱了出來，成爲獨立的門類。唐初修撰隋書經籍志時，鑒於魏晉以來史學已取得重大的成就，便正式確立了「史部」，把它列爲僅次於經部的第二大學術門類。這一改革爲以後歷代目録學家所遵奉，成爲不可更易的準則。爲了順應這一變化，史部目録不僅在綜合性文獻目録中佔據了舉足輕重的位置，並且還有了作爲獨立的專科目録而存在的必要。

劉宋裴松之的史目，是我們現今可知最早的史部專科目録。儘管從史記五帝本紀正義所引的「天子稱本紀，諸侯曰世家」十字中，無法考見其概貌，但是可以大致推測出，史目是一部專門比較正史篇目的史部專目。進入唐代，史部專科目録又有了新的發展。首先在裴松之史目的基礎上，稍加創新，産生出楊松珍的史目三卷，殷仲茂的十三代史目一卷〔三〕，以及宗諫十三代史目注。據晁公武郡齋讀書志所言，殷目是「輯史記、兩漢、三國、晉、宋、齊、梁、陳、後魏、北齊、周、隋史籍篇次名氏」的專目。可見殷目不僅是史籍篇題目録，而且具備了人名索引的特徵〔四〕。楊目估計與殷目大致相仿。其後宋人把楊目擴充爲十五卷，改名爲歷代史目；杜鎬也對殷目加以續補，編成十九代史目三卷；都成爲當時十分流行的史籍專目。必須指出的是，由於這類史籍專目僅僅局限於録篇次、別名氏，不能全面反映史學發展的特點，真正起到「辨章學術，考鏡源流」的作用，所以難以成爲史部專科目録的主流。

解題性專科史目的出現，才具有更重要的意義。從漢代至宋末的官修史志和藏書目中，對所録諸書加以解題，是較常見的形式。遠的有劉向別録，近的有古今書録和崇文總目。但是真正運用於史籍專目，則是到唐代才開始出現的事。宗諫注十三代史目，當已略具端緒。而李肇的經史釋題〔五〕，才真正奠定了雛形。「史以史通爲準，各列其題，從而釋之」（玉海卷四二引李肇經史釋題序），説明該書目不光是書名、作者的簡單排列，而且起到了讀史入門的積極作用。這一點是上述篇題史目所無法匹敵的。而高似孫的史略，正是順應了史學發展的新趨勢、新要求，參考了史記、漢書、通志、隋志、新、舊唐志、崇文總目、史通、世説新語、文選、法言、書鈔、御覽、唐六典、容齋隨筆、陶淵明集等四十四部文史典籍，著録了宋以前各類史書六百餘種，又以嶄新的史部分類法貫穿全書，並揉合了叙録體、傳録體、總經序等古代解題體例的精華，繼承了鄭樵「泛釋無義」的思想，首次採用了輯録體，開編製大型史著或史注引用書目的先河，使史略成爲當時比較成熟而又唯一存世的解題類史籍專目。毫無疑義，史略是唐宋時期專科史目第一次發展高潮的結晶和代表作。

進入元、明，史學式微，專科史目也隨之衰落，幾乎無人問津。清初樸學興起，專科史目迎來了第二次高潮。乾隆年間，章學誠主持修撰的史籍考，體大思精，不愧爲古代史部專科目録的總結性經典之作。道光間，潘錫恩、許瀚等復將史籍考杭州稿五百餘卷，增訂爲定稿三百卷，分卷雖較前減少，而内容却增加四分之一。惜鴻篇巨製於咸豐六年（一八五六）毁於火災，功敗垂成，令人扼腕不已。光緒初，余苹皋作史書綱領，承章氏餘緒，欲終未竟之業，然又未聞傳世。

縱觀中國古代史部目録學史，史略的撰述雖較粗疏，體例又不盡完善，却是史籍專目的碩果僅存，一枝獨秀。僅此一點，史略的價值不言而喻。

二

史略一書的主要價值在於對目録學發展所作出的貢獻。

先就史部分類而言，隋志所定正史、古史、雜史、霸史、起居注、舊事、職官、儀注、刑法、雜傳、地理、譜系、簿録十三目分類法，基本上爲以後史志所倚爲準則，即便有變化，也多限於次第和類目名稱的更動，如新、舊唐志置霸史於雜史前，置雜傳於儀注前，又改霸史爲僞史，舊事爲故事，譜系爲譜牒，簿録爲目録，並無實質性的改革。

而史略却打破了這個傳統，第一次按史籍本身的發展軌迹和體例特點，對宋以前的史籍作了一次全新的編排。其卷一、卷二著録了自史記至新五代史等十七部正史，每一部正史又各附録有關的史注、雜傳、史考、史音等著作。對於三國及南北朝時期諸正史還特列别史一目，主要著録隋志雜史類中比較全面反映某割據王朝歷史的著作。這樣既突出了正史在史籍中的主導地位，也便於讀者掌握有關正史的各類參考書籍。卷三首列難以列入正史的已經殘缺不全的東觀漢記，作爲過渡。但主要還是著録編年體史籍，包括歷代春秋、歷代紀、實録、起居注、時政記、日曆、玉牒等等。唯會要體史書雜於其中，有些不倫不類。卷四創史典、史表、史略、史鈔、史評、史贊、史草、史例、史目諸目，較之隋志分隸於正史、編年、雜史、雜傳、簿録，更能突出史體的特色。特别是史草一目，在史目中首次强調了稿本。並在簡介楊億、歐陽脩、宋祁、司馬光史稿的紙張、字體、草稿修改等情況時，反映了每位史學家的寫作態度和性格特徵，頗發人深思。卷末還附有「通史」目，不分編年、紀傳之體，凡縱貫古今或包容某一大時期的通代之作，如梁武帝通史、司馬光資治通鑑、蘇轍古史，均列於其中，比較隋志、新、舊唐志分隸紀傳或編年之末，更切合事宜。卷五先録霸史、雜史。其中「雜史」更加名符其實。因爲較全面反映三國及南北朝政權歷史的著作，基本附入正史類中，所餘者多爲具體事件、具體人物事迹的片斷記録，體裁多樣，繁簡迥異，有雅有俗，或取材於親身見聞，或轉採自道聽途説，的確突出了一個「雜」字。此外高氏還著録了七略中古書、東漢以來圖籍聚散小史、歷代史官名氏和劉勰文心雕龍史傳篇諸内容，補充了一般史目所難以反映的圖書史、史學史和史學理論等材料。對於今天的讀者來説，它是寶貴的參考資料。但就史目體裁而論，却顯得有些不够謹嚴，玉卮無當。卷六所録包括古代傳説、古譜牒、小學名著、漢官制、古地理書及出土簡策中的古史記等内容。它們都與歷史有着極爲密切的聯繫，而按學科分類而言，又大都可以分别歸入古典文學、方志學、古文字學、地理學、考古學等獨立的學科。所以高氏僅僅從中擇取古代具有較高史學價值的著作録於本卷，突出了史籍專目的特點，是較爲允當的。其不取更加專門化的刑法、儀注之類書，也無可厚非。

史略的史部分類法，在古代史目中獨樹一幟，别具一格，在以後很長時間内，還很少有人像高似孫那樣大膽地突破傳統分類法的束縛。

不僅如此，與其新分類法相配合，史略還作了互著法的嘗試，這是分類法進步的重要標誌。如卷二「梁别史」目中，其著録曰：「梁二典。附史典彙。」又曰：「梁後略。附史典彙。」又曰：「梁紀。附紀彙。」〔六〕卷五「霸史一」注言：「十六國春秋略、三十國春秋及春秋鈔、戰國春秋附『春秋彙』。」「雜史」目中楚漢春秋、九州春秋兩書後，注「並見『春秋彙』」。章學誠曾曰：「至理有互通，書有兩用者，未嘗不兼收並載，初不以重複爲嫌，其於甲乙部次之下，但加互注以便稽檢而已。」（校讎通義互著）又曰：「一書本有兩用而僅登一録，於本書之體，既有所不全；一家本有是書而缺而不載，於一家之學，亦有所不備矣。」（同上）所以他主張要真正做到「繩貫珠聯」，「即類求書」，必須採用互著法。這一見解與高氏所爲，可謂不謀而合。儘管高氏僅僅做了一次初步的嘗試，但已是在史目中有意識地邁出了可貴的第一步。傳統説法認爲互著法始於元馬端臨文獻通考。不過事實證明，高似孫的史略比他早行動了一百多年，而人們却一直忽視了高氏關於分類法的這一傑出創造。

輯録體一般也認爲始於元馬端臨的文獻通考。但是在史略中，我們却看到了典型的輯録體解題。

以史略卷一爲例，簡述諸細目内容如下：

「史記」　引漢書藝文志及衛宏漢舊儀之文，説明史記亡篇及褚少孫補缺事。

「太史公自序」　取漢書司馬遷傳之文，首叙司馬遷生平簡歷，及秉承父命修撰史記的經過;次言史遷著述要旨及史記篇次;末載史遷忍辱受刑,發憤著述的複雜心境。

「諸儒史議」録楊雄、班彪、班固、范曄、劉昭、張輔、葛洪、裴駰、王通、司馬貞、劉伯莊、韓愈、柳宗元、劉知幾、白居易、皇甫湜、鄭覃、殷侑、高佑、崔鴻等二十位文人學者有關史記的評論。其文或取之於正史,如後漢書班彪傳、晉書張輔傳;或採之於史注序,如裴駰史記集解序、劉昭補後漢書志序;有摘自野史雜鈔,如葛洪西京雜記;有録於子書文集,如楊雄法言、王通中説及唐文粹;或引自史評,如劉知幾史通,取材廣博,諸説並薦,褒貶抑揚,各具特色。但在編排上,又反映出高氏個人的傾向性意見,如借楊雄之口盛贊史記爲「實録」,用張輔之説論定史記優於漢書,引鄭覃之語批駁漢唐官方盛傳的史遷「以身陷刑之故,反微文譏刺,貶損當世」的誣衊不實之辭,還以皇甫湜之言肯定史遷創立紀傳體正史的不朽奇勛。是本卷最爲精彩的部分。

「續史記」引漢書藝文志講馮商續史記之事。

「史記注」引隋志及新、舊唐志、通志略諸書,載裴駰、許子儒等六家注。除一般注明卷帙、作者字號、籍貫、仕宦簡歷外,對裴駰集解特别注明實本之於徐廣音義。

「先公史記注」著録其父高文虎所撰史記注一百三十卷。該作公私著録,唯此一見。科學出版社所出史記研究的資料和論文索引稿本和未見傳本目録亦失載。「史記雜傳」　本之通志略，參考隋志、新唐志，著録司馬貞、張守節、劉伯莊、竇群、裴安時、李鎮六家雜傳，又於結語中附帶著録葛洪、衛颯、張瑩、韓琬四家之作。此節高氏吸取鄭樵「泛釋無義」思想，突出司馬貞、張守節、韓琬三家之作，既簡且要，重點明確。「史記考」　據隋志、晉書著録譙周古史考及司馬彪補正事。又引漢志説明古史考之名本之於周考。且舉呂不韋以詐獲爵事，以明古史考之筆法。此目下的「江南古本史記傳考」舉例比較「唐舊本」與「時本」異同，以明古本之可貴，至今仍有參考價值。「史記音」　據隋志詳叙徐廣音義，略舉許子儒、鄒誕生、劉伯莊史記音，是吸收「泛釋無義」思想的又一例證。

綜上所述，史略卷一基本以引文爲主，稍加作者評述，把史記的主要問題基本點明，有關參考書也基本搜羅齊備，並列舉各代有代表性的評論，以供讀者參考，同時也含蓄地反映出作者本人的基本傾向，具備了輯録體應具有的各種要素，是一個成熟的輯録體的典型範例。不僅如此，高氏又吸取鄭樵「泛釋無義」的思想，該釋就釋，不必釋者則從略，繁簡得當，並與輯録體形式融爲一體，使該史目更具有使用價值。其後有關史記的解題性目録，鮮有其匹。

可見高似孫是輯録體的真正開創者，他採用輯録體也比馬端臨早一百多年，這一貢獻同樣是不應忽視的。

史略卷二「漢書」目中，專有「漢書諸家本」一項，詳叙宋景文公祁參校諸本和建安劉之問部分參校用本。是史目著録版本之始。

陳振孫對高似孫的作品和人品多加詆毁，以爲似孫「爲館職時，上韓侂胄生日詩九首，每首皆暗用錫字，寓九錫之意，爲清議所不齒」，又「知處州尤貪酷」，且「讀書以奥僻爲博，以怪澀爲奇」（直齋書録解題）等等。四庫提要及洪業史略箋正序辨之甚詳，此不贅述。但是，陳氏未嘗不從高氏史略中學到一些東西。其於直齋書録解題中，既記書名和卷帙多寡，撰人職官名氏及學術淵源，又發揮其藏書家的特長，往往用寥寥數語，記述各書款式和版刻，無論善本、印本、抄本、拓本，一一予以説明。於解題目録中著録版本，不能不説是受史略的啓發。

大型著作引用書目或注釋引用書目的撰作，自清末始盛。如沈家本文選李善注所引書目、三國志注所引書目、世説注所引書目、續漢書志注所引書目等，曾名噪一時。之後續作者蜂起，不僅前述四書注引用書目之補作者不乏其人，又擴及史記三家注、後漢書注、五代史記注、南唐書箋注、水經注、北堂書鈔、藝文類聚、初學記、太平御覽等書之引書目，爲文史工作者整理古籍提供了很大方便。但溯其源，史著或史注引書目之風亦起於史略。

史略卷四「通鑑參據書」一目中，高氏詳列通鑑引用書，包括正史、編年、雜史、霸史、起居注、實録、日曆、政書、故事、雜傳、譜牒、姓氏書、文集、詞賦、碑刻諸類書通計二百二十八家。又緯略卷十二曰：「通鑑採正史之外，其用雜史諸書，凡二百二十二家。」〔七〕若加上正史十七家，似較史略所列，續有增補。後世論通鑑引書，多本緯略。而緯略所言，又取自史略。雖未必無遺漏，當亦近是。又緯略卷九，高氏曾詳列世説新語劉孝標注中「晉氏一朝史及晉諸公列傳、譜録、文章，皆出于正史之外者」，凡一百六十七家，皆開大型史著或史注引書目之先河。

高似孫撰作引書目的原意，在於打破當時學者輕視雜史的偏頗思想，提倡泛覽群籍、博採衆長的學風。其借洪邁容齋隨筆之語，論通鑑引用雜史的意義時説：「試以唐一代言之：「叙王世充、李密事，用河洛記；魏鄭公諫争，用諫録；李絳議奏，用李司空論事；睢陽事，用張中丞傳；淮西事，用凉公平蔡録；李泌事，用鄴侯家傳；李德裕太原、澤潞、回鶻事，用兩朝獻替記；大中吐蕃尚婢婢等事，用林恩後史補；韓偓鳳翔謀畫，用金鑾密記；平龐勛，用彭門紀亂；討裘甫，用平剡録；紀畢師鐸、吕用之事，用廣陵妖亂志，皆本末粲然，則雜史瑣説家傳，豈可盡廢。」在重視正史的基礎上，有選擇地參據雜史的記載，以訂補正史的錯誤和不足，是司馬光研究歷史的正確方法。高氏以引書目進一步强調它，不僅對當時學界有振聾發聵的作用，而且對我們現在的治史者也不無啓發。然而高氏始料未及的是，他的創造竟爲後人探索書籍源流及聚散存佚情況，從事文獻考證、辨僞、輯佚等工作，開闢了新的途徑。他在目録學上的這一貢獻，也是值得紀念的。

三

當然史略的缺點是十分明顯的。主要在於高似孫撰作史略過於倉促，前後僅用了二十七天。在總結前人成果的基礎上，他未能予以認真的消化，形成自己系統的目録學思想體系，並通過總序和分序的形式表達出來，是十分令人遺憾的事。所以他的新分類法，基本上流於自然，缺乏理論上的提高，有些部分與史籍專目的特點不盡相符，如圖書聚散小史的插入即爲一例。又如卷六所録古傳説、古譜牒、小學名著、漢官制等書，難以歸入前五卷的諸類目中。對此高氏有些束手無策，棄之可惜，只好雜陳於後，又未加進一步説明，前後相較，顯得有些虎頭蛇尾，草率收兵。又輯録體在突出史記一書的地位上起了重要作用，但除漢書稍稍沿用其體外，竟未能貫徹始終。這樣不僅有損於本書的價值，使我們不能對後漢書以下諸正史有更深入的瞭解，而且也使全書詳略失當，比例失調。再如互著法、著録版本、首創大型史著或史注引書目等等創新，多基於靈感偶至，隨手簽記，缺乏通盤的深入考慮，其實際作用也受到很大影響，以至難以引起人們對此的重視，使之更早得到在目録學上應有的地位。

此外史略尚有如下缺陷：

第一，繁複。高似孫在史略中多次强調著史要文辭簡約。他批評顔師古注多重複，表彰干寶晉紀「其書簡略，直而能婉」，「著晉論二千七百一十有七言，載於晉史者一千八百八十有五言，載於通鑑者七百二十有四言，可以爲芟夷煩亂，翦截浮辭之法」（史略卷三）。但是他自己却未能很好實踐其志，如范曄獄中與諸甥姪書，雖分摘自後漢書附録、宋書和南史本傳，却大同小異，一文同卷三出。張輔論史、漢優劣，既載「史記」目之「諸儒史議」，又於漢書目中重出，頗爲失當。

第二，誤録。高氏考辨不精，著録之誤，屢見不鮮，歸納起來，有如下幾種類型。其一，以訛傳訛。如三十國春秋乃蕭方等所撰，方等乃梁世祖子，謚曰忠壯世子，梁書有傳。而高氏沿鄭樵通志略之誤，著爲蕭方撰。其二，不辨異名，故常誤一書爲兩書。如劉陟齊紀，新唐志作齊書，本爲一書。而高氏先據唐志列齊書於正史類，又據隋志列齊紀於别史類。又如蜀李書，一作漢之書，而高氏亦兩引之。其三，誤著撰人。如王沈魏書，此王沈乃指字處道、太原晉陽人的晉司空王沈，而高氏却注作字彦伯、高平人的郡文學掾王沈。又如誤漢書辨惑的作者李善爲李喜。其四，誤引佚書。如把謝沈後漢書中「竇武、陳蕃少有高操，海内尊而稱之」之文，誤作謝沈晉書之語。其五，誤注體例。如梁武帝通史乃紀傳體，而高氏却注「用編年法」。其六，卷帙之誤，如謝靈運晉書，高氏不僅誤謝靈運爲謝承，又於「三十六卷」後加注「又録一卷」。按隋志作「三十六卷」，新唐志作「三十五卷，又録一卷」，則隋志所言已包括「録一卷」在内。高氏既從隋志，則不當復言「又録一卷」。

儘管如此，史略一書仍是瑕不掩瑜。其失而復得，皎然獨立於史目之林，足備一格。楊守敬曰：「似孫以博奥名，其子略、緯略兩書，頗爲精核。此書則遠不逮之，久而湮滅，良有由然。唯似孫聞見終博，所載史家體例，亦略見於此篇。又時有逸聞，如所採東觀漢記，爲今四庫輯本所不載，此則可節取焉耳。」（史略跋）不失爲公允之論。

一位學者雖然博貫群籍，聰穎過人，常能見他人所未見，發他人所未發，但如果淺嘗輒止，滿足於一鱗半爪的所得，而争强鬥勝，急功好利，終難成大器。這也是我們從高似孫史略中得到的又一寶貴啓示。

一九八六年元月撰於西安西大新村

注　釋

〔一〕四庫提要卷六八剡録條以爲「餘姚人」。按鄞人全祖望鮚埼亭集外編卷四七曰：「問：高疏寮爲開禧間詩人，其居姚江，或曰居甬上，孰確？」疏寮乃憲敏少師之從孫翰林學士文虎之子，居甬上，晚年始遷姚江，而諸弟如尚書衡孫仍居甬上。至今甬上之南湖有長春院、桂芳橋，皆高氏物也。」又曰：「吾鄉之高有二：其一爲憲敏公之裔，衣冠極盛，似孫、衡孫、衎孫皆名人。」又按鄞縣志、延祐四明志、嵊縣志均有高似孫傳，而餘姚縣志絶無。可證作「餘姚人」者，非也。

〔二〕「兼權吏部侍右郎」，延祐四明志作「禮部郎」，鄞縣志亦同。又全祖望句餘土音作「吏部侍郎」（按鄞縣志引作「禮部侍郎」）。洪業高似孫史略箋正序曰：「嘉定十七年秋九月日朝議大夫新除秘書省著作佐郎兼權侍右郎高似孫謹書。」宋史卷一六三職官志：吏部郎中，員外郎，有尚左、尚右、侍左、侍右之别。禮部無侍右郎官也。其説是，今從之。

〔三〕「殷仲茂」，宋志作「商仲茂」，乃避宋太祖父趙弘殷諱而改。

〔四〕參見王重民中國目録學史論叢第一二五頁。

〔五〕宋志作經史釋文題。

〔六〕梁二典，按「史典彙」有劉璠、何之元、謝昊三梁典，此「二」字當係「三」字之譌。梁後略，姚最所作，附於「史略彙」。本書作「史典彙」，乃誤刻所致。又梁紀當指姚察梁書帝紀，但此書不載「歷代紀」。「歷代紀」所著録有蕭韶梁太清紀，以及梁末代紀、梁帝紀、梁皇帝紀諸書。或此「梁紀」本作「梁四紀」亦未可知。

〔七〕四庫提要卷四七資治通鑑條曰：「其採用之書，正史之外，雜史至三百二十二種。」當本之於高似孫緯略。但今墨海金壺本、守山閣叢書本緯略均作「二百二十二家」，按之史略所載，則四庫提要誤也。

凡例

一、史略傳世版本，據筆者所見，有黎庶昌古逸叢書本（光緒十年據日本藏宋本影刻）、鮑廷爵後知不足齋叢書本（光緒九年刊）、張壽鏞四明叢書本（民國二十一年刊）、王雲五叢書集成初編本（民國二十四年至二十六年間刊）四種。其中鮑刻問世雖較黎刻早一年，然其所據實乃古逸叢書原稿本。而張、王二刻則徑據黎刻而成。此三刻於原書訛舛脱漏之處，鮮有校改，故今以古逸叢書本爲底本而作校箋。

二、史略各卷均有分目，但書前無總目，且分目與文内小標題復有歧異及脱誤。今合各卷分目，略加補正，編爲總目，列於書首，以便讀者檢閲。其更改之處，則於總目中出校説明。

三、史略係雜抄之書，除少數引文注有出處外，大多不標所自。今一一查覈，以明其所本。唯記時人著述例外。

四、因鮑、張、王三刻於原書鮮有校改，甚或復增舛訛，故本書版本校從略，而以他校爲主。爲使讀者明瞭宋刻之真，筆者將王重民先生所輯楊守敬史略校勘札記，分列於史略正文校語中，凡標以「王氏曰」者即是。

五、凡避宋諱所改之字，如「貞觀」作「正觀」、「貞元」作「正元」等，一律不作回改，亦不一一出校。

六、本校箋以考辨南宋以前官私史部著録與史略異同得失爲主要目的，而文中的疑難文字及出典，則擇要而釋，不以不備爲嫌。

七、史略傳世甚罕，知者較少，因而有關序跋評述之作，屈指可數。今擇録其有價值者，置書末附録中，以資參考。本書還附有鄞縣志所載高似孫傳，以使讀者對高氏的生平事迹，有一個大致的瞭解。

八、本次中華書局增訂重版，首先重在訂補書目文獻出版社原版的錯誤和不足；其次借鑒與吸納楊朝霞整理本（遼寧教育出版社一九九八年十二月版）和王群栗整理本（浙江古籍出版社二〇一七年五月版，收入高似孫集中）的有益成果。總之，力圖通過本次整理對該著作的校箋工作作出總結。

九、在本書即將付梓之際，中華書局復提供日本内閣文庫本史略（即當年古逸叢書本所據底本）影印件。出於尊重清人的校訂成果，決定不改底本，重用日藏本再校一過，復有收獲，足以使本書校箋工作從此劃下句號。

原序

太史公以來，載籍之作，大義粲然著矣。至於老蝕半瓦，着力汗青，何止間見層出！而善序事，善裁論，比良班、馬者固有，犖犖可稱。然書多失傳，世固少接，被諸籤目，往往莫詳，況有窺津涯，涉閫奧者乎？乃爲網羅散軼，稽輯見聞，采菁獵奇，或標一二。仍依劉向七録法〔一〕，各彙其書，而品其指意。後有才者，思欲商榷千古，鈐括百家，大筆修辭，緝熙盛典，殫極功緒，與史並驅，其必有準於斯。寶慶元年十月十日修，十一月七日畢。似孫序。

校箋

〔一〕劉向所著乃别録，而非七録。按隋志曰：「至於孝成，秘藏之書，頗有亡散，乃使謁者陳農，求遺書於天下。命光禄大夫劉向校經傳諸子詩賦，步兵校尉任宏校兵書，太史令尹咸校數術，太醫監李柱國校方技。每一書就，向輒撰爲一録，論其指歸，辨其訛謬，叙而奏之。向卒後，哀帝使其子歆嗣父之業。乃徙温室中書於天禄閣上。歆遂總括群篇，撮其指要，著爲七略：一曰集略，二曰六藝略，三曰諸子略，四曰詩賦略，五曰兵書略，六曰術數略，七曰方技略。」高似孫撰經略、史略、子略、集略、騷略、緯略、蟹略，諸書皆稱之爲「略」，當本之於劉歆七略。故疑「七録」係「七略」之訛。按本書卷五「七略中古書」即作「劉向著七略別録」，又「東漢以來書考」作「依向、歆七略」，可爲佐證。又七略一書雖成於劉歆之手，其編纂宗旨實源於劉向別録之「論其指歸，辨其訛謬」之意。因此言七略法創自於劉向，亦不爲過。

史略卷一

史　記〔一〕一百三十卷

漢太史令司馬遷字子長譔。按漢書藝文志云：「十篇缺，有録無書。」〔二〕衛宏舊儀云：武、景紀爲武帝削去〔三〕。遷殁之後，遂亡景紀、禮書、樂書、律書、漢興以來將相年表、三王世家、日者、龜筴、傅靳列傳。元、成間，褚少孫補缺〔四〕。

太史公自序〔五〕

一

太史公既掌天官，不治民。有子曰遷。

遷生龍門，耕牧河山之陽。年十歲則誦古文。二十而南游江、淮，上會稽，探禹穴，窺九疑，浮沅、湘；北涉汶、泗，講業齊、魯之都，觀夫子遺風，鄉射鄒、嶧，阸困蕃、薛、彭城，過梁、楚以歸。於是遷仕爲郎中，奉使西征巴、蜀以南，略邛、筰、昆明，還報命。

是歲天子始建漢家之封，而太史公留滯周南，不得與從事，發憤且卒。而子遷適反，見父於河雒之間。太史公執遷手而泣曰：「予先，周室之太史也〔六〕。自上世嘗顯功名於虞、夏，典天官事。後世中衰，絶於予乎？女復爲太史，則續吾祖矣。今天子接千歲之統，封泰山，而予不得從行，是命也夫？命也夫！予死，爾必爲太史，毋忘吾所欲論著矣。且夫孝，始於事親，中於事君，終於立身。揚名於後世，以顯父母，此孝之大也。夫天下稱周公，言其能論歌文、武之德，宣周、召之風，達大王、王季思慮，爰及公劉，以尊后稷也。幽、厲之後，王道缺，禮樂衰，孔子脩舊起廢，論詩、書，作春秋，則學者至今則之。自獲麟以來四百有餘歲，而諸侯相兼，史記放絶。今漢興，海内一統，明主賢君，忠臣義士，予爲太史而不論載，廢天下之文，予甚懼焉，爾其念哉！」遷俯首流涕曰：「小子不敏，請悉論先人所次舊聞，不敢闕。」卒三歲，而遷爲太史令，紬史記石室金匱之書〔七〕。

二

余聞之先人曰：「虙戲至純厚，作易、八卦。堯、舜之盛，尚書載之，禮樂作焉。湯、武之隆，詩人歌之。春秋采善貶惡，推三代之德，褒周室，非獨刺譏而已也。」漢興已來，至明天子，獲符瑞，封禪，改正朔，易服色，受命於穆清，澤流罔極，海外殊俗重譯款塞，請來獻見者，不可勝道。臣下百官，力誦聖德，猶不能宣盡其意。且士賢能矣，而不用，有國者恥也。主上明聖，德不布聞，有司之過也。且余掌其官，廢明聖盛德不載，滅功臣賢大夫之業不述，墮先人所言，罪莫大焉。余所謂述故事，整齊其世傳，非所謂作也，而君比之春秋，謬矣！〔八〕

於是論次其文，十年而遭李陵之禍〔九〕，幽於縲紲。迺喟然而歎曰：「是余之辠夫！身虧不用矣。」退而深惟曰：「夫詩、書隱約者，欲遂其志之思也。」卒述陶唐以來，至于麟止，自黃帝始。五帝本紀第一，夏本紀第二，殷本紀第三，周本紀第四，秦本紀第五，始皇本紀第六，項羽本紀第七，高祖本紀第八，呂后本紀第九，孝文本紀第十，孝景本紀第十一，今上本紀第十二。三代世表第一，十二諸侯年表第二，六國年表第三，秦楚之際月表第四，漢諸侯年表第五〔一〇〕，高祖功臣年表第六〔一一〕，惠景間功臣年表第七〔一二〕，建元以來侯者年表第八，王子侯者年表第九，漢興以來將相名臣年表第十。禮書第一，樂書第二，律書第三，曆書第四，天官書第五，封禪書第六，河渠書第七，平準書第八。吳太伯世家第一，齊太公世家第二，魯周公世家第三，燕召公世家第四，管蔡世家第五，陳杞世家第六，衛康叔世家第七，宋微子世家第八，晉世家第九，楚世家第十，越世家第十一〔一三〕，鄭世家第十二，趙世家第十三，魏世家第十四，韓世家第十五，田完世家第十六，孔子世家第十七，陳涉世家第十八，外戚世家第十九，楚元王世家第二十，荆燕王世家第二十一〔一四〕，齊悼惠王世家第二十二，蕭相國世家第二十三，曹相國世家第二十四，留侯世家第二十五，陳丞相世家第二十六，絳侯世家第二十七，梁孝王世家第二十八，五宗世家第二十九，三王世家第三十。伯夷列傳第一，管晏列傳第二，老子韓非列傳第三，司馬穰苴列傳第四，孫子吳起列傳第五，伍子胥列傳第六，仲尼弟子列傳第七，商君列傳第八，蘇秦列傳第九，張儀列傳第十，樗里甘茂列傳第十一，穰侯列傳第十二，白起王翦列傳第十三，孟子荀卿列傳第十四，平原虞卿列傳第十五〔一五〕，孟嘗君列傳第十六，魏公子列傳第十七，春申君列傳第十八，范睢蔡澤列傳第十九，樂毅列傳第二十，廉頗藺相如列傳第二十一，田單列傳第二十二，魯仲連列傳第二十三〔一六〕，屈原賈生列傳第二十四，呂不韋列傳第二十五，刺客列傳第二十六，李斯列傳第二十七，蒙恬列傳第二十八，張耳陳餘列傳第二十九，魏豹彭越列傳第三十，黥布列傳第三十一，淮陰侯韓信列傳第三十二，韓信盧綰列傳第三十三〔一七〕，田儋列傳第三十四，樊酈滕灌列傳第三十五，張丞相倉列傳第三十六，酈生陸賈列傳第三十七，傅靳蒯成侯列傳第三十八，劉敬叔孫通列傳第三十九，季布欒布列傳第四十，爰盎朝錯列傳第四十一，張釋之馮唐列傳第四十二，萬石張叔列傳第四十三，田叔列傳第四十四，扁鵲倉公列傳第四十五，吴王濞列傳第四十六，魏其武安列傳第四十七，韓長孺列傳第四十八，李將軍列傳第四十九，衛將軍驃騎列傳第五十，平津主父列傳第五十一，匈奴列傳第五十二〔一八〕，南越列傳第五十三，閩越列傳第五十四，朝鮮列傳第五十五，西南夷列傳第五十六，司馬相如列傳第五十七，淮南衡山列傳第五十八，循吏列傳第五十九，汲鄭列傳第六十，儒林列傳第六十一，酷吏列傳第六十二，大宛列傳第六十三，游俠列傳第六十四，佞幸列傳第六十五，滑稽列傳第六十六，日者列傳第六十七，龜策列傳第六十八，貨殖列傳第六十九，太史公自序第七十〔一九〕。

三

古者富貴而名摩滅，不可勝記，唯俶儻非常之人稱焉。蓋西伯拘而演周易，仲尼戹而作春秋。屈原放逐，乃賦離騷。左丘失明，厥有國語。孫子臏脚，兵法脩列。不韋遷蜀，世傳呂覽。韓非囚秦，説難、孤憤。詩三百篇，大氐賢聖發憤之所爲作也。此人皆意有所鬱結，不得通其道，故述往事，思來者。及如左丘明無目，孫子斷足，終不可用，退論書策，以舒其憤，思垂空文以自見。僕竊不遜，近自託於無能之辭，網羅天下放失舊聞，考之行事，稽其成敗興壞之理，凡百三十篇。亦欲以究天人之際，通古今之變，成一家之言。草創未就，適會此禍，惜其不成，是以就極刑而無愠色。僕誠已著此書，藏之名山，傳之其人通邑大都，則僕償前辱之責，雖萬被戮，豈有悔哉！然此可爲智者道，難爲俗人言也〔二〇〕。

諸儒史議

楊　雄〔二一〕

問太史遷，曰「實録」〔二二〕。又曰：「子長多愛，愛奇也。」〔二三〕又曰：「淮南説之用，不如太史公之用，太史公，聖人有取焉。」〔二四〕

班彪

太史令司馬遷採左氏、國語，删世本、戰國策，據楚漢列國時事，上自黄帝，下訖獲麟，作本紀、世家、列傳、書、表凡百三十篇，而十篇缺焉。遷之所紀，從漢元至武，則絶其功也〔二五〕。至於採經摭傳，分散百家之事，甚多疎略，不如其本，務欲以多聞廣載爲功，論議淺而不篤。其論術學，則崇黄老而薄五經；序貨殖，則輕仁義而羞貧窮；道游俠，則賤守節而貴俗功：此其大敝傷道，所以遇極刑之咎也。然善述序事理，辯而不華，質而不俚〔二六〕，文質相稱，蓋良史之才也。誠令遷依五經之法言，同聖人之是非，意亦庶幾矣。

夫百家之書，猶可好也〔二七〕。左氏〔二八〕、國語、世本、戰國策、楚漢春秋、太史公書，今之所以知古，後之所由觀前，聖人之耳目也。司馬遷序帝王則曰本紀，公侯傳國則曰世家，卿士特起則曰列傳，又進項羽、陳涉，而黜淮南、衡山，細意委曲，條例不經。若遷之著作，採獲古今，貫穿經傳，至廣博也。一人之精，文重思煩，故其書刊落不盡，尚有盈辭，多不齊一。若序司馬相如，舉郡縣，著其字。至蕭、曹、陳平之屬，及董仲舒竝時之人，不記其字，或縣而不郡者，蓋不暇也。今此後篇，慎覈其事，整齊其文，不爲世家，唯紀傳而已。傳曰：「殺史見極，平易正直，春秋之義也。」〔二九〕

班固

一

太史公父子相繼纂其職，上記軒轅，下至于兹，著十二本紀，作十表、八書、三十世家、七十列傳，凡百三十篇，五十二萬六千五百字，成一家言〔三〇〕。

二

贊曰：自古書契之作，而有史官，其載籍博矣。至孔氏纂之，上繼唐堯〔三一〕，下訖秦繆。唐虞以前，雖有遺文，其語不經，故言黄帝、顓頊之事，未可明也。及孔子因魯史記而作春秋，而左丘明論輯其本事，以爲之傳，又纂異同爲國語。又有世本，録黄帝以來至春秋時帝王公侯卿大夫祖世所出。春秋之後，七國並争，秦兼諸侯，有戰國策。漢興，伐秦定天下，有楚漢春秋。故司馬遷據左氏、國語，采世本、戰國策，述楚漢春秋，接其後事，訖于天漢〔三二〕，其言秦漢詳矣。至於采經摭傳，分散數家之事，甚多疏略，或有抵牾。亦其涉獵者廣博，貫穿經傳，馳騁古今，上下數千載間，斯已勤矣。又其是非頗繆於聖人，論大道，則先黄老而後六經；序遊俠，則退處士而進姦雄；述貨殖，則崇埶利而羞賤貧，此其所蔽也。然自劉向、楊雄博極群書，皆稱遷有良史之材，服其善序事理，辯而不華，質而不俚，其文直，其事核，不虛美，不隱惡，故謂之實録。嗚呼！以遷之博物洽聞，而不能以知自全，既陷極刑，幽而發憤，書亦信矣。迹其所以自傷悼，小雅巷伯之倫。夫唯大雅「既明且哲〔三三〕，能保其身」，難矣哉〔三四〕！

三

文章則司馬遷、相如。公孫弘傳贊。又曰：「遷著書，成一家言〔三五〕，揚名後世。至以身陷刑之故，反微文譏刺〔三六〕，貶損當世。典引序。

范曄

司馬遷著史記，自太初以後，闕而不録。後好事者頗或綴集時事，然多鄙俗，不足以踵繼其書。班彪傳。

劉昭

司馬遷作史記，爰建八書。班固因廣，是曰十志。天人經緯，帝政紘維，區分原奥，開廣著述〔三七〕，創藏山之祕書〔三八〕，肇刊日之遐貫，誠有繫於春秋，亦自敏於改作。又曰：「遷有承考之言，固深資父之力。」又曰：「昔褚先生補子長之削少，馬氏接孟堅之不畢〔三九〕，相成之義，古有之矣。」補後漢書志序。

張輔晉

司馬遷之著述，辭約而事舉，叙三千年事，唯五十萬言，班固叙二百年事，乃八十萬言，煩省不同，不如遷一也。良史述事，善足以獎勸，惡足以鑒戒，人道之常。中流小事，亦無取焉，而班皆書之，不如遷二也。毁貶朝錯，傷忠臣之道，不如遷三也。遷既造創，固又因循，難易益不同矣。又遷爲蘇秦、張儀、范雎、蔡澤作傳，逞辭流離，亦足以明其大才。故述辯士則藻辭華靡，叙實録則隱核名檢，此所以遷稱良史也〔四〇〕。

葛洪

遷發憤作史記，其以伯夷居列傳之首，以其善而無報也。爲項羽本紀，以據高位者，非關有德也。及其叙屈原、賈誼，辭旨抑揚，惡事不避〔四一〕，亦一代之偉才〔四二〕。作景帝本紀，極言其短及武帝之過，帝怒而削去。坐舉李陵降匈奴，下遷蠶室，有怨言，下獄死。宣帝以其官爲太史令，行太史公而已〔四三〕。

魏志載明帝問王肅：「司馬遷以受刑之故，内懷隱切，著史記，非貶孝武，令人切齒。」故永平十七年詔曰：「司馬遷著書，成一家言，揚名後世。至以身陷刑之故，微文諷刺，貶損當代。」〔四四〕蓋爲此也〔四五〕。

裴駰

班固有言曰：「司馬遷據左氏、國語，采世本、戰國策，述楚漢春秋，接其後事，訖于天漢。其言秦漢詳矣。至於采經摭傳，分散數家之事，甚多疏略，或有抵牾。亦其所涉獵者廣博，貫穿經傳，馳騁古今，上下數千載間，斯已勤矣。又其是非頗謬於聖人，論大道，則先黄老而後六經；序游俠，則退處士而進姦雄；述貨殖，則崇執利而羞貧賤，此其所蔽也，然自劉向、楊雄博極群書，皆稱遷有良史之才，服其善序事理，辯而不華，質而不俚，其文直，其事核，不虛美，不隱惡，故謂之實録。」駰以爲固之所言，世稱其當。雖時有紕繆，實勒成一家，總其大較，信命世之宏才也。

考校此書，文句不同，有多有少，莫辯其實，而世之惑者，定彼從此，是非相貿，真僞舛雜。故中散大夫東莞徐廣研核衆本，爲作音義，具列異同，兼述訓解，粗有所發明，而殊恨省略。聊以愚管，增演徐氏，采經傳并百家先儒之説〔四六〕，豫是有益，悉皆抄内。删其游辭，取其要實，或義在可疑，則數家兼列。漢書音義稱「臣瓚」者，莫知氏姓，今直云「瓚曰」。又都無姓名者，但云漢書音義。時見微意，有所裨補。譬嘒星之繼朝陽，飛塵之集華嶽。以徐爲本，號曰集解。未詳則闕，弗敢臆説。人心不同，聞見異辭，班氏所謂「疏略抵捂」者，依違不悉辨也。愧非胥臣之多聞，子産之博物，妄言末學，蕪穢舊史，豈足以關諸畜德，庶賢無所用心而已〔四七〕。

王通

使陳壽不美於史，遷、固之罪也。裴晞曰：「何謂也？」子曰：「史之失，自遷、固始也，記繁而志寡。」又曰：「遷、固而下，述作何其紛紛也！」〔四八〕王氏中説謂「陳壽有志於史，依大議而削異端。使壽不美於史，遷、固之罪也」。小蘇公作古史〔四九〕，謂其「淺近而不學，疎略而輕信」。恐皆非知太史公者，後學未以爲然也。

司馬貞

史記者，漢太史司馬遷父子之所述也。遷自以承五百之運，繼春秋而纂是史，其褒貶覈實，頗亞於丘明之書，於是上始軒轅，下訖天漢，作十二本紀、十表、八書、三十系家、七十列傳，凡一百三十篇，始變左氏之體，而年載悠邈，簡册闕遺，勒成一家，其勤至矣。又其屬藁先據左氏、國語、系本、戰國策、楚漢春秋及諸子百家之書，而後貫穿經傳，馳騁古今，錯綜隱括，各使成一國一家之事，故其意難究詳矣。比於班書，微爲古質，故漢晉名賢未知見重，所以魏文侯聽古樂則唯恐卧，良有以也。

逮至晉末，有中散大夫東莞徐廣始考異同，作音義十三卷。宋外兵參軍裴駰又取經傳訓釋作集解，合爲八十卷。雖粗見微意，而未窮討論〔五〇〕。南齊輕車録事鄒誕生亦作音義三卷，音則微殊，義乃更略。爾後其學中廢。貞觀中，諫議大夫崇賢館學士劉伯莊達學宏才，鉤深探賾，又作音義二十卷，比於徐、鄒，音則具矣。殘文錯節，異旨微義〔五一〕，雖知獨善，不見傍通，欲使後人從何准的。

貞謏聞陋識，頗事鑽研，而家傳是書，不敢失墜。初欲改更舛錯，裨補疏遺，義有未通，兼重注述。然以此書殘缺雖多，實爲古史，忽加穿鑿，難允物情。今止採求異聞，採摭典故，解其所未解，申其所未申者，釋文演注，又重爲述贊，凡三十卷，號曰史記索隱〔五二〕。

劉伯莊

班固云：「司馬遷據左氏、國語，采系本、戰國策，述楚漢春秋，接其後事，訖于天漢。」左氏者，謂左丘明爲春秋經作傳三十篇，其中記三皇、五帝、三王、五伯、卿大夫、士等居處族系之事也。國語者，亦左丘明所撰。起周穆王，訖敬王之末。又記諸侯等事，起魯莊公，訖春秋末。系本者，劉向云古史官明於古事者之所記，録黄帝、顓頊、帝俈、堯、舜、夏、殷、周至時王，依及諸國系卿大夫名號，即太史公所取爲本紀、系家。戰國策者，記春秋之後七國戰争之事，以東、西周爲首，而及中山之國，其間戰鬭征伐謀臣説士從横之策也。楚漢春秋者，陸賈所記，起項氏、漢高，訖漢文帝，中間諸吕用事，故名楚漢春秋。「訖于天漢」者，自漢家太史所記高、惠、吕后、文、景及武帝天漢諸年之事也〔五三〕。

韓　愈

司馬遷、相如、董生、楊雄、劉向之徒，尤所謂傑然者也〔五四〕。

柳宗元

參之太史，以著其潔。答韋中立書。又曰：「峻如馬遷。」〔五五〕

劉知幾

古者刊定一史，纂成一家，體統各殊，指歸咸別。史記則退處士而進姦雄，漢書則飭忠臣而言主闕，斯並曩賢得失之例，良史是非之準，作者言之詳矣〔五六〕。

白居易

談之書，遷能修之；彪之書，固能終之〔五七〕。

皇甫湜

古史編年，至漢史司馬遷，始更其制，而爲紀傳，相承至今，無以移之〔五八〕。出太古之軌，鑿無窮之門〔五九〕。作爲紀、傳、世家、表、志，首尾具叙録，表裏相發明，庶爲得中，以是無愧〔六〇〕。太初已來，千有餘歲，史臣接躅，文人比踵，卒不能有所改張，奉而遵行，傳以相授，斯亦奇矣〔六一〕。

鄭　覃

唐太宗言：「司馬遷與任安書，辭多怨懟，故武帝本紀多失實。」鄭覃曰：「武帝中年大發兵事邊，生人耗瘁，府庫殫竭，遷所述非過言。」鄭覃傳。

殷　侑

三史爲書，勸善懲惡，亞於六經〔六二〕。

高　佑元魏人。

司馬遷、班固皆博識大才，論叙古今，曲有條章〔六三〕。

崔　鴻北史

談、遷感漢德之盛，痛諸史放絶，乃鈐括舊書，著成太史。

續史記〔六四〕

按：漢藝文志有馮商所續太史公七篇。韋昭曰：「馮商受詔續太史公十餘篇，在班彪別録。商字子高。」師古曰：「七略云：商，陽陵人，治易，事五鹿充宗，後事劉向，能屬文，與孟柳俱待詔，頗序列傳，未卒，病死。」

史記注

裴駰史記注。八十卷。宋南中郎外兵參軍，字龍駒，河東人。先是徐廣作音義，辨諸家異同，駰乃集之〔六五〕。

許子儒史記注。一百三十卷。字文舉，叔牙子也。證聖天官侍郎〔六六〕。

王元感史記注。一百三十卷。鄄城人。爲時儒宗，徐堅、劉知幾薦之，爲崇賢館學士〔六七〕。

陳伯宣史記注。一百三十卷，今存八十七卷，貞元中上〔六八〕。

徐堅史記注。一百三十卷。字元固，唐集賢院學士，齊聃之子。議者以堅父子如漢班氏〔六九〕。

李鎮史記注。一百三十卷。開元十七年上，授門下典儀〔七〇〕。

右史記注六家，今學者所見者，裴氏注而已。兹用著見於此。

先公史記注一百三十卷

似孫叙曰：經始乎仲尼，終乎仲尼；傳疏始乎王弼、孔安國、鄭玄，終乎顔師古、孔穎達；史始乎太史公，終乎太史公；史注始乎裴駰〔七一〕、司馬貞、張守節，終乎先公太史。然則孰爲始？孰爲終哉？言其始，則前乎此孰可作也？言其終，則後乎此孰可繼也？嗚呼！此其所以爲事之極，功之至者乎？

太史公述陶唐以來，至于麟止，自黄帝始，作本紀十二，表十，書八，世家三十，列傳七十，爲篇百三十，爲字五十二萬六千五百，爲太史公書。先公太史推本經傳，旁羅百氏，錯綜群言，凡五百萬言，爲太史公書注。嗚呼！繇典謨而知堯、舜、禹，因誓誥而推夏、商、周，無非辛甲典商史也，無非史佚典周史也。史無完史，孰考孰稽！太史公鑿天之初，完古之闕，成仲尼之所俟，涉獵貫穿，馳騁古今數千載間，前乎所未有，後乎所不得及，此其所以成始成終乎？先公太史深憫夫自劉向、楊雄，僅稱遷有太史才。班固之論，昧乎求備，是豈知太史公萬分一者。又悼夫司馬貞、張守節之傳此書者，往往背本而從末，疏古而略今，亦未足以表章太史公之志。極意覃思，盡力此書，積功二十年，史注始成，足以答太史公之所望。

似孫不肖，獲承先人緒業，唯念太史公執遷手泣曰：「予死，毋忘吾所論著，爾其念哉？」遷俯首流涕曰：「小子不敏，請悉論先人所次舊聞，不敢闕。」先公既絶筆，乃悉整以論正，與太史公書並傳，藏之名山，副在京師，以俟後聖君子〔七二〕。

史記雜傳

司馬貞史記索隱。三十卷。貞以徐廣、裴駰、鄒誕生、劉伯莊音釋疎舛，别加攷摭作此書，系以述贊〔七三〕。

張守節正義。三十卷。唐開元中諸王侍讀，采諸家訓釋爲此書〔七四〕。

劉伯莊史記地名〔七五〕。二十卷。

竇群史記名臣疏。三十四卷〔七六〕。

裴安時史記纂訓。二十卷。字適之，大中江陵少尹〔七七〕。

李鎮史記義林。二十卷。曾注史記〔七八〕。

右史記雜傳六家。又有葛洪史記鈔十四卷〔七九〕，擷其精語者。衛颯史要十卷〔八〇〕，約其要言，以類相從者。張瑩史記正傳九卷〔八一〕，蓋瑩所自作。惟唐韓琬續史記一百三十卷〔八二〕，乃接史記以來事，止於唐，功亦偉矣。

史記考

譙周古史考二十五卷

史考，蜀譙周所作。周以司馬遷史記書周、秦以上，或採俗語百家之言，不專據正經，於是作古史考二十五篇〔八三〕，皆憑舊典，以糾遷之謬誤。晉司馬彪復以周爲未盡善也，條古史考中凡百二十二事爲不當，多據汲冢紀年之義，亦行於世。見司馬彪傳。古書有周考七十六篇〔八四〕。顔師古曰：「考周事也。」譙之名書蓋取此。周又著法訓八卷，五教志五卷，後爲晉義陽亭侯〔八五〕。

考中載：「吕不韋爲秦子楚行千金貨於華陽夫人，請立子楚爲嗣。及子楚立，封不韋洛陽十萬户，號文信侯。以詐獲爵，故曰竊也。」其所紀往往如此。

江南古本史記傳考

江南史記，爲唐舊本〔八六〕，但存列傳而已。其間有字誤者，有字多者，有字少者，有脱百餘字者，有一字之間義致大不同者，是爲天下奇書。初上蔡謝氏有録本，今略掇數字，于以見古本之精妙也。

伯夷傳

今本「得孔子而益章」。江南本曰：「得孔子而名益章。」〔八七〕

管晏傳

「管仲得用任於齊。」江南本曰：「管仲得用，任政於齊。」〔八八〕

老韓傳

「君子得其人則駕，不得其人則蓬。」江南本「人」字並作「時」〔八九〕。

莊子傳

「申不害，京人也。」江南本曰：「荆人也。」〔九〇〕

司馬穰苴傳

「軍法期而後者云何。」江南本曰：「期而後至。」〔九一〕

右江南本同異凡四千三百五十條，今略舉四五端，一字之間，意味固自不同。最如刺客傳云「劍堅故不可拔」，而江南本作「劍豎」，尤爲有旨，劍堅安得不可拔耶〔九二〕？

史記音

徐廣音義。十二卷〔九三〕。宋中散大夫，字野民〔九四〕，東莞人。劉伯莊曰：「徐中散音訓亦有汎説餘本異同，故稱一本，自是别記異文，了非解釋史義，而裴氏並引爲注，稍似繁雜。」

許子儒音。三卷，曾注史記〔九五〕。

鄒誕生音。三卷〔九六〕，梁人。

劉伯莊音。二十卷〔九七〕。

校　箋

〔一〕「史記」分目原作「太史公史記」，今從卷一正文標題。

〔二〕按今通行諸本藝文志無「缺」字，而司馬遷傳有之。或此「缺」字係高似孫據本傳而補入，或其所見宋本自有「缺」字，亦未可知。

〔三〕舊儀，即漢舊儀。史記集解引作漢書舊儀注，其文曰：「司馬遷作景帝本紀，極言其短及武帝過，武帝怒而削去之。」又西京雜記卷六所載亦同。「武景紀」一説，唯見此書。疑「武」字係衍文，乃刻工誤將下文「景紀」後之「武紀」移至此，且脱去「紀」字耳。

〔四〕「遷殁」以下，本之張晏説，其文分見史記集解、史記索隱、漢書司馬遷傳顏師古注。諸引「景紀」下均有「武紀」二字，此誤脱。又律書或作兵書，太史公自序則作「兵權」。索隱曰：「兵權，即律書也。遷没之後，亡，褚少孫以律書補之，今律書亦略言兵也。」

〔五〕「序」原作「叙」，據史記及本書卷一分目改。

〔六〕「太」字原闕，據史記太史公自序、漢書司馬遷傳補。

〔七〕本引全抄自漢書司馬遷傳，與史記太史公自序之文略異。

〔八〕此司馬遷答壺遂之語。

〔九〕按史記太史公自序作「七年」。正義曰：「案：從太初元年至天漢三年，乃七年也。」此作「十年」，非是。高氏此引全抄漢書司馬遷傳，而未曾參照史記原文，以糾其謬，甚疏略。

〔一〇〕史記作漢興已來諸侯年表。

〔一一〕史記「功臣」下尚有「侯者」二字。

〔一二〕史記作惠景間侯者年表。此表所列多係追修高祖功臣之後，又及外國歸義，非專指功臣，漢書所題非是。

〔一三〕史記作越王句踐世家。

〔一四〕此世家記荆王劉賈、燕王劉澤二人事，與楚元王世家、齊悼惠王世家、梁孝王世家等專記一王及

〔一五〕其後裔事異，故司馬遷題荆燕世家以別之。班固不究其由，妄增「王」字，殊失史遷本意。

〔一六〕史記此傳作第十六，在孟嘗君列傳之後。漢書誤倒其次第。

〔一七〕史記作魯仲連鄒陽列傳。

〔一八〕點校本漢書「韓信」作「韓王信」，高氏全録漢書之文，唯此無「王」字，而與史記同。或宋本漢書原無「王」字者。明汲古閣本亦無「王」字。

〔一九〕史記中匈奴列傳作第五十，衛將軍驃騎列傳作第五十一，平津侯主父列傳作第五十二，與漢書所列次第異。

〔二〇〕末句乃黎氏所增，日内閣文庫本無此八字。史、漢皆無此八字，高氏本之。

〔二一〕此引自漢書本傳所載司馬遷報任安書。

〔二二〕「楊」當作「揚」，本書均作「楊」，今仍其舊而明其誤。

〔二三〕出揚子法言重黎篇。

〔二四〕出揚子法言君子篇。

亦見君子篇。史記初名太史公書，亦稱太史公記，簡稱太史公。陳直先生據金石萃編卷十二武榮碑「闕幘傳講孝經、論語、漢書、史記」之文，考定太史公書至東漢桓靈時，已正式改稱史記。説見四川大學學報一九五七年第三期所載漢晉人對史記的傳播及其評價一文。

〔二五〕點校本范書本傳作「從漢元至武以絶，則其功也」。汲古閣本作「從漢元至武，則以絶其功也」。監本亦然。高氏所録，乃舊本原貌。

〔二六〕范書本傳「俚」作「野」，此從漢書司馬遷傳贊。

〔二七〕范書本傳「可好」作「可法」。

〔二八〕疑「左氏」上脱「若」字。

〔二九〕此引出自後漢書班彪傳。

〔三〇〕此引節略漢書司馬遷傳之文而成。然究其本源，實出太史公自序，不當列爲班固之論議。

〔三一〕吴承仕曰：「『繼』字無義，字當作『斷』。」

〔三二〕「天」，原作「大」，據漢書司馬遷傳改。鮑刻唯改此「大」作「天」，餘仍其舊。後皆徑正，不復出校。

〔三三〕「哲」，原作「折」，誤。按：據漢書司馬遷傳作「哲」，日藏本同，今據改。

〔三四〕此引録自漢書司馬遷傳。

〔三五〕典引序「言」上有「之」字，疑此脱。

〔三六〕「反」，原誤作「及」，據日藏本及典引序改。又其下尚有「非誼士也」四字，高氏脱引。

〔三七〕原序「廣」作「廓」。

〔三八〕原序「祕書」作「祕寶」。

〔三九〕原序「褚先生」作「褚生」，與「馬氏」即馬續相對，疑「先」字係衍文。

〔四〇〕此引出晉書張輔傳。

〔四一〕今本西京雜記作「悲而不傷」。

〔四二〕今本西京雜記「一代」作「近代」。此上引自西京雜記卷四。

〔四三〕今本西京雜記「而已」上有「文書事」三字，下有「不復用其子孫」六字，高氏皆脱引。此上引自西京雜記卷六，溯其源，蓋本之於衛宏漢舊儀。又抱朴子内篇葛洪曰：「而班固以史遷先黄老而後六經，謂遷爲謬。夫遷之洽聞，旁綜幽隱，沙汰事物之臧否，覈實古人之邪正。」對史記可謂推崇之至。

〔四四〕永平，漢明帝年號。詔文見班固典引序。「當代」本作「當世」，避唐太宗諱而改。

〔四五〕此段乃高似孫對葛洪之言的詮釋。

〔四六〕今本史記集解序，「并」字在「百家」之後，疑高氏引誤。

〔四七〕以上引自史記集解序。

〔四八〕以上引自中説天地篇。

〔四九〕小蘇公，蘇轍也。按四庫簡明目録標注曰：據葉大慶考古質疑，古史乃其子蘇遜所作。

〔五〇〕今本史記索隱序「計」作「討」。

〔五一〕今本史記索隱序「旨」作「音」。

〔五二〕本節皆引自史記索隱序。

〔五三〕劉氏之語，今唯見於此書。

〔五四〕韓昌黎集無此文。

〔五五〕見與楊京兆憑書。

〔五六〕出史通忤時。

〔五七〕出授沈傳師左拾遺史館修撰制。又「彪之書」本作「彪之史」，疑高氏引誤。

〔五八〕「之」字原脱，據全唐文卷六八六引補。

〔五九〕全唐文脱此十字。

〔六〇〕全唐文作「將以垂不朽」。

〔六一〕「太初」以下，全唐文作「自漢及今，代已更八，年幾歷千。其間賢人摩肩，史臣繼踵，推今古之得失，論述作之利病，各耀聞見，競誇才能，改其規模，殊其體統，傳以相授，奉而遵行」，多有異。又以上乃湜編年紀傳論之文。

〔六二〕見請試史學奏。「三史」指史遷、班、范之作。全唐文「勸善」在「懲惡」後。

〔六三〕出魏書本傳，「佑」本傳作「祐」。又本傳「條章」下尚有「雖周達未兼，斯實前史之可言者也」十四字。

〔六四〕「史」原作「古」，誤，據分目改。

〔六五〕主要本之隋志，亦見新、舊唐志。

〔六六〕主要本之新唐志，亦見舊唐志。

〔六七〕本之新唐志及唐書本傳。

〔六八〕本之通志略。亦見崇文總目，原釋曰：「陳伯宣注，因裴駰説有所未悉，頗增損焉，然多取司馬氏索隱以爲己説，今篇殘缺。」末句見新唐志。

〔六九〕「父子」，原作「文字」，據日藏本改。此處本之新唐書本傳及藝文志。

〔七〇〕「典」，原作「曲」，據新唐志改。

〔七一〕「裴駰」，原作「崔駰」，按後漢書崔駰傳，駰所著除詩、賦、銘、頌、書、記、表外，唯七依、婚禮結言、達旨、酒警數篇，以文辭典美著稱於世，未聞其有史注，更不曾注史記。此所言皆係注史記者，則此「崔駰」係「裴駰」之誤無疑，故正之。

〔七二〕高文虎太史公書注已失傳，除史略外，延祐四明志曾録有天官書集注，當出其史記注無疑。按史記正文及三家注共計二百餘萬言，繁複之處，已觸目可見。而文虎之作竟達五百萬言，其煩穢雜亂，可想而知。此其所以泯滅不傳也。似孫之論，多溢美之辭，不足爲據。

〔七三〕新唐志、崇文總目均有著録。

〔七四〕見於新唐志、崇文總目。

〔七五〕「史記地名」，原作「史地名」，據新唐志補。通志略亦有「記」字。

〔七六〕本之新唐志。

〔七七〕本之新唐志。

〔七八〕亦本之新唐志。

〔七九〕亦見新唐志。

〔八〇〕新、舊唐志作史記要傳，此從隋志。

〔八一〕見隋志及新、舊唐志。

〔八二〕此見新唐志。此節所引，雖皆有所本，然實據通志略而略加編理，未能出其範圍。

〔八三〕「二十五」，原作「十五」，據晉書司馬彪傳及前文補。

〔八四〕出漢書藝文志小説家之屬。

〔八五〕按蜀志本傳曰：「時晉文王爲魏相國，以周有全國之功，封陽城亭侯。」此有「義」字者，據隋志也。文末原有「考」字，無義，涉下文「考」字而衍，今删。

〔八六〕李慈銘曰:「謂南唐。」

〔八七〕史記點校本有「名」字,然「孔子」作「夫子」。

〔八八〕今點校本有「政」字,而「得」作「既」。

〔八九〕今點校本亦作「時」。

〔九〇〕此乃老韓傳所附申不害傳之文,高氏作莊子傳,非,可删。又今點校本仍作「京」。

〔九一〕今點校本作「後至」。

〔九二〕李慈銘復有申説,詳見附録。今點校本仍作「劍堅」,非是,當據改。

〔九三〕按隋志作十二卷,高氏據之而書。然新、舊唐志、史記正義、史記索隱均作十三卷,崇文總目則作十九卷,未詳孰是。

〔九四〕「野民」,原作「野氏」,據隋志改。

〔九五〕本之新唐志。

〔九六〕隋志、新唐志均作史記音,然舊唐志作史記音義。按史記索隱序曰:「南齊輕車録事鄒誕生亦作音義三卷,音則微殊,義乃更略。」後序亦曰:「音則尚奇,義則罕説。」則當以作音義爲是。

〔九七〕按新、舊唐志均作音義。

史略卷二

漢書

漢尚書郎班固譔。固字孟堅，扶風人。初固作帝紀十二，表八，志十，傳七十。固卒，書頗散亡。章帝詔其妹昭與諸儒校輯於東觀，八表、天文志，是其補成者也〔一〕。

班彪傳論

論曰：班彪以通儒上才，傾側危亂之間，行不踰方，言不失正，仕不急進，貞不違人，敷文華以緯國典，守賤薄而無悶容。彼將以世運未弘，非所謂賤焉耻乎？何其守道恬淡之篤也〔二〕！

二〔三〕

班固爲蘭臺令史，與前睢陽令陳宗、長陵令尹敏、司隸從事孟異共成世祖本紀。遷爲郎，典校祕書。固又撰功臣、平林、新市、公孫述事，作列傳、載記二十八篇，奏之。帝乃復使終成前所著書。

固以爲漢紹堯運，以建帝業，至於六世〔四〕，史臣乃追述功德〔五〕，私作本紀，編於百王之末，厠於秦、項之列，太初以後，闕而不録，故探撰前紀，綴集所聞，以爲漢書。起于高祖〔六〕，終于孝平、王莽之誅，十有二世，二百三十年，綜其行事，旁貫五經，上下洽通，爲春秋考紀、表、志、傳凡百篇〔七〕。固自永平中始受詔，潛精積思二十餘年，至建初中乃成。當世甚重其書〔八〕。

東觀漢記

時人有上言班固私改作史記，詔下京兆收繫。固弟超詣闕上書，具陳固不敢妄作，但續父所記，述漢事。

司馬彪後漢書

班固字孟堅，右扶風人。幼有儁才，學無常師，善屬文，經傳無不究覽。彪譔後漢書〔九〕，世不復見，今録其傳孟堅者于此〔一〇〕。

張　輔

司馬遷之著述，辭約而事舉，叙三千年事，唯五十萬言；班固叙二百年事，乃八十萬言，煩省不同，不如遷一也。良史述事，善足以奬勸，惡足以鑒誡，人道之常。中流小事，亦無取焉，而班皆書之，不如遷二也。毁貶朝錯，傷忠臣之道，不如遷三也。遷既造創，固又因循，難易益不同矣。又遷爲蘇秦、張儀、范雎、蔡澤作傳，逞辭流離，亦足以明其大才。故述辯士則藻辭華靡，叙實録則隱核名檢，此所以遷稱良史也〔一一〕。

范　曄

贊曰：司馬遷、班固父子，其言史官載籍之作，大義粲然著矣〔一二〕。議者咸稱二子有良史之才。遷文直而事覈，固文贍而事詳。若固之叙事，不激詭，不抑抗，贍而不穢，詳而有體，使讀之者亹亹而不厭，信哉其能成名也。彪、固譏遷，以爲是非頗謬於聖人。然其論議常排死節〔一三〕，否正直，而不叙殺身成仁之爲美，則輕仁義，賤守節愈矣。固傷遷博物洽聞〔一四〕，不能以智免極刑；然亦身陷大戮，智及之而不能守之。嗚呼！古人所以致論於目睫也〔一五〕。

顔師古漢書注例

漢書舊無注解，唯服虔、應劭等各爲音義，自别施行。至典午中朝，爰有晉灼，集爲一部，凡十四卷，又頗以意增益，時辯前人當否，號曰漢書集注。屬永嘉喪亂，金行播遷，此書雖存，不至江左。是以爰自東晉，迄于梁、陳，南方學者皆弗之見。有臣瓚者，莫知氏族，考其時代，亦在晉初，又揔集諸家音義，稍以己之所見，續厠其末，舉駁前説，喜引竹書，自謂甄明，非無差爽，凡二十四卷，分爲兩帙。今之集解音義，則是其書，而後人見者，不知臣瓚所作，乃謂之應劭等集解。王氏七志、阮氏七録並題云然，斯不審耳。學者又斟酌瓚姓，附著安施，或云傅族，既無明文，未足取信。蔡謨全取臣瓚一部，散入漢書，自此以來，始有注本。但意浮功淺，不加隱括，屬輯乖舛，錯亂實多，或乃離析本文，隔其辭句，穿鑿妄起。職此之由，與未注之前大不同矣。謨亦有兩三處錯意，然於學者竟無弘益。

漢書舊文，多有古字，解説之後，屢經遷易，後人習讀，以意刊改，傳寫既多，彌更淺俗。今則曲覈古本，歸其真正，一往難識者，皆從而釋之。

古今異言，方俗殊語，末學膚受，或未能通，意有所疑，輒就增損，流遯忘返，穢濫實多。今皆删削，克復其舊。

諸表列位〔一六〕，雖有科條，文字繁多，遂致舛雜。前後失次，上下乖方，昭穆參差，名實虧廢。今則尋文究例，普更刊正，澄蕩愆違，審定阡陌，就其區域，更爲局界，非止尋讀易曉，庶令轉寫無疑。

禮樂歌詩，各依當時律吕，脩短有節，不可格以恒例。讀者茫昧，無復識其斷章，解者支離，又乃錯其句韻。遂使一代文采，空韞精奇，累葉鑽求，罕能通習。今並隨其曲折，剖判義理，歷然易曉，更無疑滯，可得諷誦，開心順耳。

凡舊注是者，則無間然，具而存之，以示不隱。其有指趣略舉，結約未伸，衍而通之，使皆備悉。至於詭文僻見，越理亂真，匡而矯之，以袪惑蔽。若汎説非當，蕪辭競逐，苟出異端，徒爲煩冗，秖穢篇籍〔一七〕，蓋無取焉。舊所闕漏，未嘗解說，普更詳釋，無不洽通。上考典謨，旁究蒼雅，非苟臆說，皆有援據。六蓺殘缺，莫覩全文，各自名家，揚鑣分路。是以向、歆、班、馬、仲舒、子雲所引諸經，或有殊異，與近代儒者訓義弗同，不可追駁前賢，妄指瑕纇，曲從後說，苟會局塗。今則各依本文，敷暢厥指，非不考練，理固宜然。亦猶康成注禮，與其書、易相借〔一八〕；元凱解傳，無係毛、鄭詩文。以類而言，其意可了。爰自陳、項，以訖哀、平，年載既多，綜緝斯廣，所以紀傳表志時有不同，當由筆削未休，尚遺秕稗，亦爲後人傳授，先後錯雜，隨手率意，遂有乖張。今皆窮波討源，搆會甄釋。

字或難識，兼有借音，義指所由，不可暫闕。若更求諸別卷，終恐廢於披覽。今則各於其下，隨即翻音。至如常用可知，不涉疑昧者，衆所共曉，無煩翰墨。

近代注史，競爲該博，多引雜說，攻擊本文，至有詆訶言辭，掎摭利病，顯前修之紕僻，騁己識之優長，乃效矛盾之仇讎，殊乖粉澤之光潤。今之注解，翼贊舊書，一遵軌轍，閉絶歧路。諸家注釋，雖見名氏，至於爵里，頗或難知，傳無所存，具列如左。

顔師古漢書注所引書〔一九〕

初漢服虔等爲音義，又有晉灼、臣瓚等説，應劭亦爲集解，而蔡謨復捬註之。正觀中，太子承乾命師古裒集衆説。師古叔游，嘗譔漢書决疑，乃因其舊而作今注，時號師古爲班固忠臣。師古名籀，京兆人。

荀悦。字仲預，潁川人〔二〇〕。後漢祕書監。

服虔。字子慎，滎陽人。後漢尚書侍郎，高平令，九江太守。初名重，改名祇，後定名虔。

應劭。字仲瑗〔二一〕，一字仲遠，汝南南頓人。後漢泰山太守。

伏儼。字景宏，琅琊人。

劉德。北海人。

鄭氏。晉灼音義序曰「不知其名」，而臣瓚集解輒云「鄭德」。既無所據，今依晉灼，但曰鄭氏。景祐余靖校本云：鄭氏舊傳，晉灼集注云「北海人，不知其名」，而臣瓚以爲鄭德，今書但稱鄭氏。

李斐。不詳所出郡縣。

李奇。南陽人。

鄧展。南陽人。魏建安中爲奮威將軍，封高樂鄉侯。

文穎。字叔良，南陽人。後漢末荆州從事，魏建安中爲甘陵府丞。

張揖。字稚讓，清河人，一云河間人。魏太和中爲博士，止解司馬相如一傳。似孫曰：司馬相如一傳最難注，予嘗注此傳，大費工力。張揖曾作博雅，通於名物，所以止注此傳。

蘇林。字孝友，陳留外黄人。魏給事中領祕書監，散騎常侍。黄初中遷博士，封安成亭侯。

張晏。字子博，中山人。

如淳。馮翊人，魏陳郡丞。

孟康。字公休，安平廣宗人。魏散騎侍郎〔二二〕，弘農太守，散騎常侍，中書令，封廣陵亭侯。

項昭。不詳何郡縣人。

韋昭。字弘嗣，吴郡雲陽人。吴尚書郎，太史令，中書僕射，封高陵亭侯。

晉灼。河南人。晉尚書郎。

劉寶。字道真，高平人。晉中書郎，御史中丞，安北將軍。侍皇太子講漢書，别有駁義。

臣瓚。師古曰「不詳」。景祐余靖校本云：臣瓚不知何姓〔二三〕。案：裴駰史記序云「莫知氏姓」。韋稜續訓亦言未詳。劉孝標類苑以爲「于瓚」。酈元注水經以爲「薛瓚」〔二四〕。姚察訓纂云：案庾翼集，于瓚爲翼主簿，兵曹參軍，後爲建威將軍。晉中興書云：翼病卒，而大將于瓚等作亂，翼長史江虨誅之〔二五〕。于瓚乃是翼將，不載有注解漢書。然瓚所采衆家音義，自服虔、孟康以外，並因晉亂湮滅，不傳江左。而高紀中，瓚案茂陵書；文紀中，案漢禄秩令。此二書亦復亡失，不得過江。明此瓚是晉中朝人，未喪亂之前，故得具見先輩音義及茂陵書、漢令等耳〔二六〕。蔡謨之江左，以瓚二十四卷散入漢書，今之注也。若謂爲于瓚，乃是東晉人，年代前後，了不相會，此瓚非于，足可知矣。又案穆天子傳目録云，祕書校書郎中傅瓚校。今漢書音義臣瓚所案，多引汲書，以駮衆家訓義。此瓚疑是傅瓚，瓚時職典校書，故稱臣也。師古又曰：「後人斟酌瓚姓，附之傅族耳，既無明文，未足取信。」

郭璞。字景純，河東人。晉弘農太守。止注相如傳序及遊獵詩賦〔二七〕。

蔡謨。字道明，陳留考城人。東晉侍中、五兵尚書。贈司空，謚文穆公。

崔浩。字伯深，清河人。後魏侍中，撫軍大將軍，封東郡公。撰漢紀音義。景祐校本作「伯淵」。

顔氏所注重複

顔氏所注，評覈諸家，最爲詳的。然有無俟音詁，失之冗贅者。字之初見，既已加釋，自此而下，不必再舉矣。試掇其重複大甚者：

如鄉讀曰嚮，解讀曰懈，與讀曰豫，雍讀曰壅，道讀曰導，繇讀曰傜，畜讀曰蓄，視讀曰示，艾讀曰乂，説讀曰悦，竟讀曰境；飭與勑同，繇與由同，毆與驅同，晻與暗同；婁古屢字，墬古地字，饟古餉字，犇古奔字之類，何啻百數，皆過於複且重者。又如休者美也，蕃者多也，烈者業也，稱者副也，靡者無也，滋者益也，圖者謀也，耗者減也，貸者假也，卒者終也，悉者盡也，給者足也，寖者漸也。以上字義，初非深隱，何必重出。往往再見於一板之内，如此繁雜，不可勝載。

又如豁、仉、恢、坐、邾、陜、治、脱、攘、蓺、亘、綰、顓、擅、酣、侔、重、禺、俞、選等字，亦用切脚，可以省矣。又如項羽一傳，伯讀曰霸，凡四言之。若相國何、相國參、太尉勃、太尉亞夫、丞相平、丞相吉，亦注爲蕭何、曹參。三代必曰夏、商、周，威、文、顔、閔必曰齊威、晉文、顔淵、閔子騫。讀是書者，要非童蒙，豈不曉是哉！

顔氏敘例云：「至如常用可知，不涉疑昧者，衆所共曉，無煩翰墨。」殆反是矣。志中尤爲叢脞，以此知漢書注亦用修整一番乃佳〔二八〕。

御詮定漢書八十七卷

唐高宗與郝處俊等譔〔二九〕。

漢書注

晉灼漢書集注。十三卷〔三〇〕。

敬播漢書注。四十卷〔三一〕。

陸澄漢書注。一卷。齊光禄大夫〔三二〕。

右漢書注凡三家，師古所引者，晉灼而已〔三三〕。

漢書考

劉寶漢書駁義。二卷。晉安北將軍〔三四〕。

姚察漢書定疑。二卷。陳吏部尚書〔三五〕。

顔游秦漢書决疑。十二卷〔三六〕。

李喜漢書辨惑。三十卷〔三七〕。

前漢考異一卷。失姓氏〔三八〕。

漢書雜傳

姚察漢書訓纂。三十卷〔三九〕。

姚察漢書集解。一卷〔四〇〕。

元懷景漢書議苑。開元右庶子，謚曰文〔四一〕。

姚班漢書紹訓。四十卷〔四二〕。

諸葛亮論前漢事。一卷〔四三〕。

陸澄漢書新注。一卷〔四四〕。

韋稜漢書續訓。三卷。梁北平諮議參軍〔四五〕。

項岱漢書叙傳。五卷〔四六〕。

務静漢書正義。三十卷。唐僧〔四七〕。

顧胤漢書集義。二十卷〔四八〕。

沈遵漢書問答。五卷〔四九〕。

漢疏四卷〔五〇〕。梁有漢書音九卷〔五一〕。梁孝標注漢書一百四十卷。陸澄注漢書一百二卷。梁元帝注漢書一百十五卷，今亡〔五二〕。

右漢考五家〔五三〕，雜傳十二家，深稽而詳訂，互有可攷。古之史出於一人之手，尚有差謬，以俟刊辨，况後之爲史者耶？

漢書音義

應劭音義。二十四卷〔五四〕。

服虔音訓。一卷〔五五〕。

韋昭音義。七卷〔五六〕。

劉顯音。二卷。宋潯陽太守〔五七〕。

夏侯泳音。二卷〔五八〕。

蕭該音義。十二卷。國子博士〔五九〕。

包愷音。十二卷。廢太子勇命包愷等〔六〇〕。

孟康音義。九卷〔六一〕。

諸葛亮音。一卷〔六二〕。

晉灼音。七卷〔六三〕。

崔浩音。一卷〔六四〕。

劉嗣音義。二十六卷〔六五〕。

敬播音義。十二卷〔六六〕。

孔文祥音義鈔。一卷〔六七〕。

陰景倫律歷志音。一卷〔六八〕。

劉伯莊音義。二十卷〔六九〕。

右音義十六家，師古所援引者五家。如蕭該音義最爲精詳，而師古遺之。先儒頗謂師古於該議論矛盾，故所不録。以是知書之遺落者，蓋不止此而已。其後於師古者，固不論也。

漢書諸家本

宋景文公祁。參校凡用諸本：

古本。顔師古未注以前本。

唐本。張唐公家所得唐本。

江南本。金披遺字〔七〇〕云：「太祖平江南，賜本院書二千卷，皆紙札精妙〔七一〕。」東原榮氏私記云：「江南本，宣和間出在御府，故流傳人間〔七二〕。」初外氏先君丁常韓通籍睿思殿〔七三〕，因見江南本，愛賞之，無緣借出參挍，遂以薄紙，分手抄録，及歸各寫於家，幾年而後畢〔七四〕。

舍人院本。江南本在舍人院，亦曰舍人院本。

淳化本。國朝會要曰：「淳化五年七月，詔選官分校史記、前、後漢。命陳充、阮思道、尹少連、趙況、趙安仁、孫何校前、後漢，校畢，遣内侍裴愈賚本就杭州鏤板。」

景德監本。國朝會要曰：「咸平中，真宗命刁衎、晁迥、丁遜覆校兩漢書板本。迥知制誥，以陳彭年同其事。景德二年七月，衎等上言漢書歷代名賢注釋，至有章句不聞，名氏交錯，除無考據外，博訪群書，徧觀諸本校定，凡三百四十九卷，簽正二千餘字〔七五〕，録爲六卷以進。」

景祐刊誤本。景祐元年，祕書丞余靖上言：國子監所印兩漢書，文字舛僞，恐誤後學。臣參括衆本，旁據他書，列而辨之，望行刊正。詔送翰林學士張觀等詳定。聞奏，又命國子監直講王洙與靖偕赴崇文院讎對。二年九月，校書畢，凡增七百四十一字，損二百一十二字，改正一千三百三十九字。

又有我公本、今不詳何人。**燕國本、曹大家本、陽夏公本、晏本、郭本、姚本、浙本、閩本**。

其外又有熙寧本〔七六〕、熙寧二年，參知政事趙抃進新校漢書五十册，及陳繹所著是正文字七卷。**宣和本**、宣和六年國子監本。張集賢本。張環得唐世本校。

後漢書

一

宋太子詹事范曄譔。曄字蔚宗，順陽人。元嘉中，左遷宣城太守。不得志，乃删衆家後漢書爲一家史，紀十，志十，傳八十，凡百篇。

二

范曄既造後漢，轉得統緒。詳觀古今著述及評論，殆少可意者。班氏最有高名，既任情無例，不可甲乙辨。後贊於理近無所得，唯志可推耳。博贍可不及之〔七七〕，整理未必愧也。吾雜傳論，皆有精意深旨，既有裁味，故約其辭句。至於循吏以下，及六夷諸序論，筆勢縱放，實天下之奇作。其中合者，往往不減過秦篇。嘗共比方班氏所作，非但不愧之而已。欲遍作諸志，前漢所有者悉令備。雖事不必多，且使見文得盡。又欲因事就卷内發論，以正一代得失，意復未果。贊自是吾文之傑思，殆無一字空設，奇變不窮，同合異體，乃自不知所以稱之。此書行，故應有賞音者。紀傳例爲舉其大略耳，細意甚多〔七八〕。自古體大而思精，未有此也〔七九〕。宋書傳。

三

曄元嘉元年〔八〇〕，左遷宣城太守。不得志，乃删衆家後漢書爲一家之作，至於屈伸榮辱之際，未嘗不刻意焉〔八一〕。自序略曰：吾少嬾學問，年三十許，始有尚尔。既造後漢，轉得統緒。詳觀古今著述及評論，殆少可意者。班氏最有高名，既任情無例，唯志可推尔。博贍可不及之，整理未必愧也。吾雜傳論，皆有精意深旨，至於循吏以下，及六夷諸序〔八二〕，筆勢縱放，實天下之奇作。其中合者，往往不減過秦篇。嘗共比方班氏所作〔八三〕，非但不愧之而已。贊自是吾文傑思，殆無一字空設，奇變不窮，同合異體，乃自不知所以稱之。此書行，故應有賞音者。紀傳例爲舉其大略耳，諸細意甚多〔八四〕。自古體大而思精，未有此也。恐世人不能盡知〔八五〕，貴古賤今，所以稱情狂言爾。

范曄之傳，其失尤多。若薛宣之忠毅〔八六〕，而槩之以酷吏；鄭衆之嚴明直諒，而槩之以宦者；蔡琰忍耻妻胡，槩之烈女；王忳深仁厚義，槩之獨行〔八七〕，若此之類衆矣〔八八〕。南史。

四

范曄在獄中與諸甥姪書曰：「吾既造後漢，詳觀古今著述及評論，殆少可意者。班氏最有高名，既任情無例，不可甲乙〔八九〕，唯志可推耳。博贍可不及之，整理未必愧也。吾雜傳論，皆有精意深旨。至於循吏以下，及六夷諸序論，筆勢縱放，實天下之奇作。其中合者，往往不減過秦篇。嘗共比方班氏所作，非但不愧之而已。贊自是吾文之傑思，殆無一字空設，奇變不窮，同合異體〔九〇〕，乃自不知所以稱之。此書行，故應有賞音者。自古體大而思精，未有此也。」〔九一〕

曄之言張詡如此，自謂可過班固，觀其所著序論，如鄧禹、竇融、馬援、班超、郭泰諸篇，略具氣象〔九二〕，然亦何能企固萬一耶！

後漢書〔九三〕

謝承後漢書。一百三十卷，又録一卷。無帝紀。吴武陵太守〔九四〕。

司馬彪續漢書。八十三卷〔九五〕。晉祕書監〔九六〕。字紹統，高陽王睦之長子。專精學習，博覽群籍，以「漢氏中興，訖于建安，忠臣義士亦以昭著，而時無良史，記述煩雜，譙周雖已删除，然猶未盡，安、順以下，亡缺者多」。彪乃討論衆書，綴其所聞，起於世祖，終于孝獻，編年二百，録世十二，通綜上下，旁貫庶事，凡八十篇，號曰續漢書〔九七〕。

劉義慶後漢書。五十八卷〔九八〕。

華嶠後漢書。九十七篇。唐得三十一卷〔九九〕。晉少府卿〔一〇〇〕，字叔駿。才學深博，博聞多識，屬書典實，有良史之志〔一〇一〕。

謝沈後漢書。一百二十二卷〔一〇二〕。又外傳十卷。字行思，晉祠部郎。晉史曰：「沈著後漢書，才學在虞預之右，何充、庾冰稱其有史才。」〔一〇三〕

薛瑩後漢書。一百卷。晉散騎常侍〔一〇四〕。

袁山松後漢書。一百一卷，又録一卷〔一〇五〕。晉祕書監袁喬之子，博學有文章，著後漢書百篇〔一〇六〕。

蕭子顯後漢書。一百卷。梁有，隋亡〔一〇七〕。梁吏部尚書，爲吴興太守，字景陽〔一〇八〕。

按：後漢明帝詔班固、陳宗、尹敏、孟冀〔一〇九〕譔世祖本紀及建武功臣傳。又詔劉珍、李尤等譔建武以來至永初紀傳。又詔伏無忌、黄景作諸王、恩澤侯及單于、西羌、地理志。邊韶、崔寔、朱穆、曹壽作皇后、外戚傳、百官表、順帝功臣傳，凡百十四篇，曰漢記。嘉平中〔一一〇〕，馬日磾、蔡邕、楊彪〔一一一〕、盧植又續漢記。至吴謝承作漢書，司馬彪作續漢書，華嶠、謝沈、袁崧〔一一二〕又作後漢書，往往皆因漢記之舊爲之，是固爲有所據依。而曄史又出於諸史之後，尤爲有據依者乎？

本朝劉攽，嘉祐八年奉詔與錢藻、楊褒、姜潛、麻延年、李寔、劉仲章刊正定漢書。後二年，皆遷他官，唯攽卒業。乃悉增損刊改及正定字畫，集爲一書〔一一三〕。

二

謝承、司馬彪、薛瑩、謝沈後漢書，先儒最稱其精〔一一四〕，今是書不復可見，乃略采其精語一二。

謝承史云：「徐孺子清妙高峙，超世越俗。」〔一一五〕司馬彪史云：「蔡伯喈通達有儁才，博學善屬文，伎藝術數，無不精綀。郭林宗處約味道，不改其樂。李元禮曰：『吾見士多矣，無如林宗者也。』及卒，蔡伯喈爲作碑，曰：『吾爲人作銘，未嘗不有慙容，唯郭有道碑頌無愧耳。』」〔一一六〕薛瑩史云：「李元禮抗志清妙，有文武儁才。」〔一一七〕又曰：「李膺、王暢、荀緄、朱寓、魏朗、劉祐、杜楷、趙典爲八儁。」〔一一八〕謝沈史曰：「儁者，卓出之名也。」〔一一九〕諸人史句如此，可曰精矣。

後漢書注

劉昭補注後漢書三十卷

初范曄令謝儼譔後漢書志，搜次垂畢，會曄伏誅，儼悉蠟以覆車，一代爲恨。梁世，劉昭得舊志，乃補注，爲三十卷。昭字宣卿，平原人，爲臨川王記室〔一二〇〕。

唐章懷太子注

唐章懷太子賢，招集一時學士右庶子張太安、洗馬劉訥言、洛州司户革希玄、學士許叔牙、成玄一、史藏諸、周贊寧輩，同爲注。儀鳳中奏上〔一二一〕。

後漢書雜傳

王韶後漢林。二百卷〔一二二〕。

謝沈後漢書外傳。十卷〔一二三〕。

後漢書考〔一二四〕

劉攽東漢刊誤。

嘉祐七年，上讀後漢書，見「墾田」字皆作「懇」字，敕侍臣傳詔中書，使正之。時劉攽爲國子監直講，奉詔與錢藻、楊褒、姜潛、麻延年、李寔、劉仲章分校。後二年，皆遷他官，攽獨卒業。攽云此書自三館及民家〔一二五〕，無他好本，率以己意定之。學者且疑其不然，雖攽亦未敢必。

後漢書音

韋闡音。二卷〔一二六〕。

劉芳音。一卷。後魏太常〔一二七〕。

韋機音。二十七卷〔一二八〕。

臧競音。三卷。陳宗道先生〔一二九〕。

蕭該音。三卷〔一三〇〕。

三國志

魏國志。三十卷。

蜀國志。十五卷。

吴國志。二十卷。

晉太子庶子陳壽譔。壽字承祚，巴西人。凡魏紀四、傳四十〔一三一〕，吴傳二十，蜀傳十五。時人稱其善叙事。宋文帝嫌其略，命國子博士裴松之補注，鳩集傳記，增廣異聞，輯爲一書。既成奏之，上覽之曰：「裴世期爲不朽矣！」松之字世期，河東人〔一三二〕。

陳壽撰魏、吴、蜀三國志，凡六十五篇，時人稱其善叙事，有良史之才。夏侯湛時著魏書，見壽所作，便壞己書而罷。張華深善之，謂壽曰：「當以晉書相付耳。」或云丁儀、丁廙有盛名於魏，壽謂其子曰：「可覓千斛米見與，當爲尊公作佳傳。」丁不與之，竟不爲立傳。壽父爲馬謖參軍，謖爲諸葛亮所誅，壽父亦坐被髡，諸葛瞻又輕壽，爲亮立傳，謂「亮將略非長，無應敵之才」，言「瞻惟工書，名過其實」。議者以此少之〔一三三〕。

二

尚書郎范頵表曰：「治書侍御史陳壽作三國志，辭多勸誡，明乎得失，有益風化。雖文豔不及相如，而質過之〔一三四〕。願垂採録。」詔河南尹、洛陽令就家寫其書。壽又撰古國志五十篇，益都耆舊傳十篇，餘文章傳於世〔一三五〕。

三

崔浩以毛循之中國舊人〔一三六〕，雖學不博洽，而猶涉獵書傳，每與論説。遂及陳壽三國志，有古良史之風，其所著述，文義典正，皆揚于王庭之言，微而顯，婉而成章，班史以來無及壽者。循之曰：「昔在蜀中，聞長老言，壽曾爲諸葛門下書佐，得撻百下，故其論武侯云『應變將略，非其所長』。」浩乃與論曰：「夫亮之相劉備，當九州鼎沸之會，英雄奮發之時，君臣相得，魚水爲喻，而不能與曹氏争天下，委弃荆州，退入巴蜀，誘奪劉璋，僞連孫氏，守窮崎嶇之地，僭號邊夷之間，此策之下者。可與趙它爲偶，而以爲蕭、曹亞匹〔一三七〕，不亦過乎？」謂壽貶亮，非爲失實。」後魏書。

四

自司馬氏史至五代史，數千百年，正統偏霸與夫僭竊亂賊，甚衰至微之國，雖如夷狄，而史未有不書其國號者。陳壽志三國，乃獨不然。劉備父子在蜀四十餘年，始終號漢，是豈可以蜀名哉？其曰蜀者，一時流俗之言耳。壽乃黜正號而從流俗，史之公法，國之正統，輒皆失之，則其所書尚可信乎？且是時世稱備爲蜀者，猶五代稱李璟爲吳，稱劉崇爲晉者耳。今五代史作南唐、東漢世家，未嘗以吳、晉稱史。荆公曰：「五代之事不足書，何足煩公！三國可喜事甚多，率壞於陳壽〔一三八〕，公其成之。」公雖深然，未暇作也。予遂作蜀漢書〔一三九〕，系蜀以漢，尚庶幾乎？

三國志

漢魏吳蜀舊事。八卷〔一四〇〕。

魏氏别史

魏武本紀年歷。五卷〔一四一〕。

王沈魏書。四十八卷〔一四二〕。晉司空，字彦伯，高平人〔一四三〕。有俊才。沈仕魏，正光中〔一四四〕，遷散騎常侍，與荀顗、阮籍共譔魏書，多爲時諱，未若陳壽之實。

魏紀。十二卷。左將軍陰澹撰〔一四五〕。

魚豢魏略。五十卷〔一四六〕。

梁祚魏國統。二十卷〔一四七〕。

何常侍論三國志。九卷〔一四八〕。

魏末傳。二卷。梁有魏大事，隋亡〔一四九〕。

右魏氏别史五家〔一五〇〕，蓋可與陳壽志參攷而互見者，亦一時記載之雋也。而魚豢典略特爲有筆力。

魏志音

盧宗道音。一卷〔一五一〕。

蜀别史

元魏李彪嘗言：「孔明在蜀，不以史官留意。」〔一五二〕今蜀史比魏、吴獨疎略，其在此乎？

王隱删補蜀記。七卷〔一五三〕。

吴别史

韋昭吴書。五十五卷，殘缺〔一五四〕。

吴書實録。三卷〔一五五〕。

環濟吴紀。十卷。晉太學博士〔一五六〕。

胡冲吴曆。六卷〔一五七〕。

張勃吴録。三十卷〔一五八〕。

魏、吴雜史，大叚瓌緻，掇其數辭，足以知諸公辭藻之競秀者。

魚豢魏略云：「李安國豐。識别人物，海内注意。明帝得吾降人〔一五九〕，問『江東聞中國名士爲誰』？以安國對之。」又云：「許士宗允。少與清河崔贊俱發名於冀州。」〔一六〇〕又云：「阮德如侃。有俊才，而飾以名理，風儀雅潤，與嵇康爲友。」〔一六一〕又云：「荀文若彧。爲人英偉，折節待士，坐不累席。其在臺閣間，不以私欲撓意。」〔一六二〕韋昭吳書云：「諸葛瑾避亂渡江，大皇帝取爲長史。遣使蜀，但與弟亮公會相見，退無私面。而又有容貌思度，時人服其弘量。」〔一六三〕環濟吳記云：「全子黃琮。有德行義槩。」〔一六四〕又曰：「張子布昭。忠正有才義。」〔一六五〕張勃吳録云：「陸凱忠鯁有大節，篤志好學。」〔一六六〕又曰：「孫策少有雄姿風氣。」〔一六七〕

然方是時，士爽乎用，史隳乎守，幾於國異政、家殊俗矣。魚豢而下，各書一時之事，豈無俟於後人者？嗟夫！

晉書

王隱晉書。九十三卷〔一六八〕。隱及郭璞俱爲著作郎，撰晉史。時著作郎虞預私撰晉書，而生長東南，不知中朝事，數訪於隱，并借隱所著書竊寫之，所聞漸廣。家貧無資用，乃依征西將軍庾亮於武昌，供其紙筆，書乃得成，詣闕上之。隱雖好著述，而文辭鄙拙，蕪舛不倫。其書次第可觀者，皆其父所撰也〔一六九〕。

謝沈晉書。三十卷〔一七〇〕。

虞預晉書。五十八卷。晉散騎常侍，字叔寧。史云：著晉書四十餘卷，行于世〔一七一〕。

朱鳳晉書。十四卷。未成，訖元帝。晉中書郎〔一七二〕。

謝承晉書〔一七三〕。三十六卷，又録一卷〔一七四〕。宋臨川内史。

臧榮緒晉書。一百十卷。齊信州主簿〔一七五〕。

蕭子雲晉書。一百二卷，殘缺〔一七六〕。

干寶晉書〔一七七〕。一十二卷，殘缺〔一七八〕。

沈約晉書。一百十卷。梁尚書僕射，字休文，吴興人〔一七九〕。

鄭忠晉書。七卷〔一八〇〕。

右晉人及宋、齊人所譔晉書共十家，晉之事詳且精矣。又有何法盛宋河東太守〔一八一〕。譔晉中興書七十八卷，起東晉。事有可稽，辭有可述。則知唐太宗詔群臣所譔如之，何其不該且覈而妙於辭製哉？徐堅亦曾譔晉書一百十卷。

王隱晉書語

元凱智謀淵博，明於治亂。常稱立德者非所企及，立功、立言所庶幾也。每有大事，輒在將帥之限〔一八二〕。

王戎少清明曉悟〔一八三〕。

祖士言最治行操，能清言〔一八四〕。祖納。

嵇廷祖有奇才雋辯〔一八五〕。嵇紹。

謝沈晉書語

竇武、劉淑、陳蕃少有高操，海内尊而稱之〔一八六〕。

虞預晉書語

荀公曾十餘歲能屬文，外祖鍾繇曰：「此兒當及其曾祖。」〔一八七〕荀勖。

山季倫平雅有父風〔一八八〕。

和嶠厚自封植，嶷然不群〔一八九〕。

刁協多所博涉，中興制度皆稟於協〔一九〇〕。

温嶠少標俊，清徹英穎〔一九一〕。

沈約晉書語

周顗，王敦素憚之，見輒面熱，雖復臘月，亦扇面不休。其憚如此〔一九二〕。

朱鳳晉書語

元帝叡，字景文，少而明惠。因亂過江起義，遂即位。謚法曰：始建國都曰元〔一九三〕。

叙事甚簡净。

臧榮緒晉書語

謝叔源善屬文〔一九四〕。

張孟陽有才華〔一九五〕。

王正長博學有雋才〔一九六〕。

石季倫早有智慧〔一九七〕。

左太冲博覽文史〔一九八〕。

阮嗣宗容貌瓌傑，志氣閎放〔一九九〕。

晉安帝紀語

江仲凱以義正器素，知名當世〔二〇〇〕。江敳。

戴安道少有清操，惟甚快暢，泰於娛生。多與風流者游，屢辭徵命，遂著高尚之稱〔二〇一〕。

羲之風骨清舉〔二〇二〕。

右王隱、謝沈、虞預、沈約、朱鳳晉書，世不可見，各録其瓌精一二于前，斯足以表諸公才之雋，筆之英矣。晉安帝紀中句，亦甚美，併録之。

唐御譔晉書一百三十卷

初晉史十八家，太宗以爲未善，詔令再譔，房玄齡與褚遂良、許敬宗奉詔增損，以臧榮緒舊書爲本，又摭採諸家傳記而益附之，爰及晉代文集，罔不畢舉。命來濟、陸元仕、劉子翼、李淳風、李義府、薛元超、上官儀、崔行功、辛丘馭、劉引之、陽仁卿、李延壽、張文恭分撰，令狐德棻、敬播、李安期、李懷儼、趙汝智考正類例，作紀十，志二十，列傳七十，載記三十，合百三十卷。史之凡例，多出於令狐德棻、敬播；天文、律曆則李淳風專之。太宗所著宣武二帝、陸機、王羲之四論，皆稱制焉。

晉書注

高希嶠注。一百三十卷。開元二十年上。清池主簿〔二〇三〕。

晉書音

何超音。三卷。唐處士〔二〇四〕。

宋書

徐爰宋書。六十五卷，宋中散大夫〔二〇五〕。

孫嚴宋書。六十五卷。齊冠軍録事參軍〔二〇六〕。

沈約宋書。一百卷〔二〇七〕。

右宋代史所傳者，沈約爲最。姚察陳吏部尚書。稱其「高才博洽，名亞遷、董〔二〇八〕」，蓋一代之英偉焉。按齊永明中，沈約奉詔撰，爲紀十，志九〔二〇九〕，傳六十，合百卷。本何承天舊書，採山謙之、徐爰、蘇寶生諸説，號爲博洽，而志及兼述魏晉，論者以爲失於限斷。崇文總目：闕趙倫之傳一卷，今本有之。而到彦之傳卷末殘缺。又有王智深，梁人，著宋書六十一卷，亦殘缺〔二一〇〕。

齊書

蕭子顯齊書。六十卷。梁人。詳見後漢書〔二一一〕。

劉陟齊書。十三卷〔二一二〕。

齊別史

沈約齊紀。二十卷〔二一三〕。

劉陟齊紀。十三卷〔二一四〕。

江淹齊史。十三卷〔二二五〕。

王劭齊志。後齊事〔二二六〕。

吴兢齊史。十卷〔二二七〕。

初江淹已筆齊史，爲十志。沈約又著齊紀。而子顯自表武帝，別爲此書。沈約嘗稱其「得明道之高致，蓋幽通之流也」〔二二八〕。子顯更採後漢，考正同異，爲一家書。又吴均欲撰齊書〔二二九〕，求借齊起居注及群臣行狀，武帝不許，遂私撰奏之，稱帝爲齊明帝佐命。帝惡其書不實，使中書舍人劉之遴詰問數十條，竟支離無對，勑付省焚之，坐免職〔二三〇〕。

本朝曾鞏、趙若、孫覺、尹洙、蘇洵諸公校正館書，嘗論齊史，謂子顯之於斯文，喜自馳騁，其更改破析，刻琱藻績之變尤多，而其文益下，豈夫材固不可强而有耶？然其表曰：「素不知户口，故州郡志輒不載。天文復祕，故不私載，而此志但紀灾祥而已。」按本傳爲齊書六十卷，今但五十九卷。

梁書

謝炅梁書。四十九卷。梁中書郎〔二三一〕。

姚思廉梁書。五十六卷[二二二]。唐弘文館學士。思廉名簡，以字行，萬年人。

梁別史

陰僧仁梁撮要。二十卷。陳征南諮議[二二三]。

許亨梁史。五十三卷。陳領軍、大著作郎[二二四]。

梁太清録。八卷[二二五]。

梁末代紀。一卷[二二六]。

梁二典。附史典彙[二二七]。

梁後略。附史典彙[二二八]。

梁紀。附紀彙[二二九]。

吴兢梁史。十卷[二三〇]。

初太宗詔祕書監竇璡、歐陽詢、姚思廉共撰梁史。思廉父察，仕陳，大建中嘗修梁、陳史，未就。思廉因父書，又採謝炅舊史，裁成之。其總論出於魏徵。

陳書

陸瓊陳書。四十二卷。陳吏部尚書〔二三一〕。

傅縡陳書。三卷〔二三二〕。

顧野王陳書。三卷〔二三三〕。

吴兢陳史。五卷〔二三四〕。

思廉采謝炅、顧野王等諸家言，推究總括，爲梁、陳二家史，同上。

後魏書

魏收後魏書。一百三十卷。後齊僕射，字伯起，鉅鹿人〔二三五〕。三國典略曰：「齊主以魏收之卒，命中書監陽休之裁正其所撰魏書。休之以收叙其家事稍美，且寡才學，淹延歲時，竟不措手，唯削去嫡庶一百餘字。」

魏澹後魏書。一百十卷。隋著作郎〔二三六〕。

張太素後魏書。一百卷〔二三七〕。今惟有天文志二卷〔二三八〕。

裴安時元魏書。三十卷〔二三九〕。

初令狐德棻建言：「近代無正史，梁、陳、齊，文籍猶可據，至周、隋，事多脱損。今耳目尚相及，史有所憑，一易世，事皆汩暗，無所綴緝。陛下受禪于隋，隋承周，二祖功業多在周。今不論次，各爲一王史，則先烈世庸不光明，後無傳焉。」〔二四〇〕帝謂然〔二四一〕。詔中書令蕭瑀、給事中王敬業、著作郎殷聞禮主魏。議者以魏有魏收、魏澹二家爲已詳，乃輟。

按天保中，收奉詔采拾遺軼，綴續舊事，作紀十，志十，傳九十二。表上，悉焚崔浩、李彪等舊書。收黨齊毀魏，褒貶肆情，時以爲穢史，獨楊愔等助之，故其書漸行。隋文帝以其不實，詔魏澹更作。收史闕紀二卷，傳二十二卷，太宗紀則補以魏澹所作，静帝紀則補以高峻小史。

北齊書

李德林北齊書。二十四卷，修未成，百藥之父也〔二四二〕。

張太素北齊書。三十卷〔二四三〕。

李百藥北齊書。五十卷〔二四四〕。唐中書舍人。字重規，定州人。

太宗詔李百藥次齊史。唐史臣稱百藥「翰藻沉鬱，所譔齊史行於時」。按百藥父德林先在齊，已作紀傳。百藥乃因其舊，又避唐諱，易其文，議者非之。

後周書

牛弘周史。十八卷，未成。陳吏部尚書〔二四五〕。

令狐德棻後周書。五十卷〔二四六〕。唐祕書丞，宜州人。

吴兢周史。十卷〔二四七〕。

德棻言周、隋事多脱損〔二四八〕，乃命德棻與祕書郎岑文本、殿中侍御史崔仁師次周史。是時預柬者十有八人，德棻爲先進，故類例多所諏定。初周柳虬、隋牛弘各嘗論次，率多抵牾。德棻奉詔，與陳叔達、庾儉同加修纂歷年。至是，復詔與文本、仁師撰成。玄齡等既上五代史〔二四九〕，太宗勞之曰：「朕覩前代史書，彰善癉惡，足爲將來之誡。秦始皇奢滛無度，焚書坑儒，用緘談者之口。隋煬帝雖好文儒，尤疾學者。前世史籍，竟無所成，數代之事，殆將泯絶。朕意則不然，將欲覽前王之得失，爲在身之龜鏡。公輩以數年之間，勒成五代之史，副朕深懷，極可嘉尚。」〔二五〇〕

隋書

張太素隋書。三十卷〔二五一〕。

王劭隋書。六十卷，未成〔二五二〕。祕書監。劭所著隋書，多採迂怪不經之語，辭義繁雜，遂使隋惡之迹，堙滅無聞〔二五三〕。

隋志。二十卷〔二五四〕。

吴兢隋史。二十卷〔二五五〕。

唐修隋書 一百十五卷

唐正觀中，詔諸臣分修五代史〔二五六〕。顏師古、孔穎達撰次隋事，起文帝，作三紀，五十列傳，惟十志未奏。又詔于志寧、李淳風、韋安化、李延壽、令狐德棻共加裒綴，高宗時上之。志寧乃上〔二五七〕，包梁、陳、齊、周，參以隋事，析爲三十篇，號五代志〔二五八〕，與書合八十五篇。

按隋志極有倫類，而本末兼明，準晉志可以無憾，遷、固以來，皆不及也。正以班、馬只尚虛言，多遺故實，所以三代紀綱，至八書十志，幾於絶緒。隋志獨該五代，南北兩朝紛然殽亂未易貫穿之事，讀其書則了然如在目，良由當時區處各當其才。顏、孔通古今而不明天文地里之學，故但修紀傳，而以十志專之志寧、淳風，顧不當哉！〔二五九〕

唐書

吴兢唐書。一百卷〔二六〇〕。浚儀人。兢私撰唐書、唐春秋〔二六一〕，未就。丐官筆札，詔兢赴館撰録，坐書事貶荊州司馬〔二六二〕，以史草自隨。蕭嵩領國史，遣使就取書，得六十餘篇，叙事簡核，號良史。肅宗詔柳芳與韋述綴輯吴兢所次國史，會述死，芳續成之。興高祖，訖乾元，凡百三十篇。叙天寶事不倫，史官病之。

韋述唐書。一百三十卷。初令狐德棻、吴兢等譔武德以來國史，皆不能成。述因二家，參以後事，遂分紀傳，又爲例一篇。述掌國史餘四十年，任史官二十年，韋弘機之孫也。史稱其史才博識。蕭穎士稱其文約事詳，譙周、陳壽之流。

李翱答皇甫湜書曰：「近寫得唐書，史官才薄，言詞鄙淺，不足以發揚高祖、太宗列聖明德〔二六三〕，使後之觀者，文彩不及周、漢之書。僕以爲西漢十一帝，高祖布衣定天下〔二六四〕，豁達大度，東漢所不及。其餘唯文、宣二帝爲優，自惠、景以下，亦不皆明於東漢明、章兩帝。而前漢事跡灼然傳在人口者，以司馬遷、班固叙述高簡之工。故學者悦而習焉，其讀之詳也。足下讀范曄後漢書、陳壽三國志、王隱晉書，生熟何如左丘明、司馬遷、班固書之温習哉？故温習者事跡彰，而罕讀者事跡晦。讀之踈數，在詞之高下，理之必然也〔二六五〕。唐有天下，聖明繼於周、漢，而史官叙事，曾不如范曄、陳壽所爲，况足擬望左丘明、司馬遷、班固之文哉？」

韓愈答劉秀才書曰：「唐有天下二百年矣，聖君賢相相踵，其餘文武之士立功名跨越前後者，不可勝數，豈一人卒能紀而傳之哉？僕年志已衰退，不可自爲〔二六六〕。」嗚呼！以愈而有是言，况他人乎？

劉昫唐書。二百卷。昫，涿郡人〔二六七〕。

按後唐起居郎賈緯言〔二六八〕：「唐高宗至代宗已有紀傳，德宗至濟陰廢帝凡六代〔二六九〕，唯有武宗實録，餘皆闕略〔二七〇〕。今採訪遺文及耆舊傳説，編成六十五卷〔二七一〕，目曰唐朝補遺録〔二七二〕，以備將來史官修述。」至開運二年，史館上新修前朝李氏紀、志、列傳，共五百二十卷〔二七三〕。賜監修宰臣劉昫、史官張昭遠、直館王仲等繒綵銀器有差〔二七四〕。又按歐陽脩五代史劉昫傳，只載明宗時爲監修國史，殊不及唐史之績，蓋昭遠輩所成也。

皇宋修唐書二百二十五卷〔二七五〕

慶曆五年，詔王堯臣、張方平等翰林學士。刊修唐書。皇祐元年，以宋祁翰林侍讀。爲刊修官。至和元年，又命歐陽脩、宋祁刊修，龍圖閣學士。乃譔紀十，志五十，表十五，傳百五十。嘉祐五年，提舉宰臣曾公亮上之。公亮曰：「唐有天下幾三百年，其君臣行事之始終，所以治亂興衰之跡，與其典章制度之美，宜其粲然著在方册，而紀次無法。」乃詔脩等討論刪定，事則增於前，文則省於舊。其屬則范鎮、知制誥。王疇、知制誥。宋敏求、集賢校理。呂夏卿、祕書丞。劉羲叟，此蓋預進書者。又有楊察、趙槩、余靖亦與焉。脩嘗言：「唐自武宗以下，並無實録。西京内中省寺諸司御史臺及鑾和諸庫，有唐至五代以來奏牘案簿尚存，欲差呂夏卿就彼檢尋。」從之。足以見討論之至矣。祁雖作百五十傳，亦曾自作紀、志。今宋氏後居華亭者有其書。

唐書考音附

呂夏卿直筆新例。一卷〔二七六〕。夏卿預修新書，摘其繁冗闕誤，仍叙新例。温陵人。

吴縝糾繆。二十卷〔二七七〕。摘舉新書舛繆。元祐間知萬州。

唐書注

李繪唐書補注。二百二十五卷〔二七八〕。繪，宣和中進士，以舊書參新書爲之注。

唐書音

董氏唐書音。二十五卷〔二七九〕。

五代史

薛居正等五代史一百五十卷

開寶四年，詔薛居正，盧多遜等修五代史。七年閏月甲子書成，凡一百五十卷〔二八〇〕。而扈蒙、張澹、李昉、劉兼、李穆、李九齡皆與修其書，以建康實録爲準。景祐三年七月，集賢院學士知同州胡沖上所譔五代史，七十七卷，又一書也〔二八一〕。

歐陽脩五代史七十四卷

五代新史紀十二，傳四十五，考三，世家年譜十有一，四夷附録三，凡七十四卷。歐公曰：「本紀因舊以爲名，即位以前其事詳，原其所自來，故曲而避之，見其起之有漸有暴也。即位以後其事略，居尊任重，所責者大〔二八二〕，故所書簡，惟簡乃可立法。」陳師錫序曰：「五代距今百有餘年，故老遺俗，往往垂絶，無能道説者。秉筆之士，文采不足以耀無窮。歐陽公以此自任，其事迹實詳於舊記，而褒貶義例仰師春秋，至於論朋黨宦女，忠孝兩全，義士降服，豈小補哉！」歐公既没，始詔其家上之。神宗常問歐陽脩所爲五代史如何，王安石曰：「臣方讀數册，其文辭多不合義理。」上曰：「責以義理，則脩止於此，每卷後論説皆稱。」

二

徐無黨注歐公五代史，其言曰：「凡諸國名號，梁本紀自封梁王以後始稱梁，唐本紀自封晉王以後始稱晉，唐自建國號唐以後始稱唐，各從其實也。自傳而下，於未封王建國之前，或稱梁、稱晉、稱唐者，史官從後而追書也。唐嘗稱晉，而石敬塘又稱晉，李昪又稱唐；劉襲已稱漢，而劉旻又稱漢，劉涉據廣州亦稱漢，劉崇據太原又稱後漢；王建已稱蜀，而孟知祥又稱蜀。石晉自爲一代，不待别而可知；唐、漢、蜀則加東、南、前、後以别其世家。梁初嘗封沛、東平，南唐初嘗稱齊，三號當時已不顯著，故皆略而不道。五代亂世，名號交雜而不常，史家撰述，隨事爲文，要於理通事見而已，覽者得以詳焉。」

五代史别史

五代史樞要。十卷。歐陽顗譔〔二八三〕。

五代史補。五卷。陶丘譔〔二八四〕。

五代史闕文。一卷。王禹偁譔〔二八五〕。

梁列傳。十五卷〔二八六〕。

後唐列傳。三十卷。並張昭遠譔〔二八七〕。

五代史考

五代史纂誤。吴縝録歐陽公新史抵牾闕語，凡二百餘字〔二八〕。

校箋

〔一〕按後漢書列女班昭傳曰：「兄固著漢書，其八表及天文志未及竟而卒，和帝詔昭就東觀藏書閣踵而成之。……後又詔融兄續繼昭成之。」高氏作「章帝詔」，非。又袁宏後漢紀卷十九曰：「續博覽古今，同郡班固著漢書，缺其七表及天文志，有録無書，續盡踵而成之。」與范書微異。

〔二〕出范曄後漢書。

〔三〕此當作「班固傳」。

〔四〕起高祖，經惠帝、吕后、文帝、景帝，至武帝，正值六世。

〔五〕「史臣」者，司馬遷也，時私撰史記。

〔六〕范書本傳「起于」作「起元」。

〔七〕所謂「春秋考紀」，即指帝紀，以其以四時立言，如春秋史例。

〔八〕王重民先生曰（以下簡稱王氏曰）：「稿本作『甚書』，楊云原書亦誤。」（按稿本謂楊氏原稿本，楊指楊守敬，原書則日藏原宋刻本也。下並同。）

〔九〕司馬彪書本名續漢書。

〔一〇〕其班固傳之文，當引自世説新語文學注。

〔一一〕此引已見卷二「諸儒史議」，此又重出，高氏失於編次也。

〔一二〕「著」，原作「者」，據後漢書班固傳論改。高氏史略自序首句，即截取此文，亦作「著」。又此乃傳論之語，非贊語，高氏引誤。

〔一三〕王氏曰：「按本作『議論』，楊云原本亦誤倒。」

〔一四〕「遷」字原闕，據班固傳論補。

〔一五〕此上全文引范書班固傳論。

〔一六〕王氏曰：「按稿本作『列表』，楊云原書亦倒。」

〔一七〕王氏曰：「按稿本作『穢秕』，楊云原書誤倒。」

〔一八〕「偕」，原作「偺」，偕、偺形近而訛。今據點校本漢書之顔氏漢書注例而改。

〔一九〕原標作「二」，今據原分目改。按文中所列皆引書作者，標目亦未妥。

〔二〇〕「預」本傳作「豫」，古通用。又王氏曰：「按稿本作『潁川之人』，楊云『之』字衍，原亦誤。」

〔二一〕王氏曰：「守敬按：原作『湲』。」

〔二二〕今點校本漢書叙例此作「散騎常侍」，下作「散騎侍郎」。按三國志杜恕傳注引魏略曰：黃初中，康以郭后外屬轉爲散騎侍郎。至正始中，始代恕爲弘農太守。又崔林傳言，景初元年，司徒、司空並缺，散騎侍郎孟康薦林爲司空。亦在出任弘農太守前。則其仕宦次第當以高氏所引爲是。

〔二三〕此與殿本漢書叙例注所引「宋祁曰」之語同，至「未足取信」止。高氏全文照録。

〔二四〕王氏曰：「按稿本作『鄭元』，楊云原亦誤。」

〔二五〕王氏曰：「按稿本作『劇』，楊云原作『劇』。」

〔二六〕王氏曰：「按稿本作『具其』，楊云原作『其』，漢書亦作『其』。」

〔二七〕「序」原作「賦」，據漢書叙例改，此指子虛賦。

〔二八〕本節實本容齋續筆漢書注冗而書，略有删節。

〔二九〕此本新唐志。舊唐志作八十一卷。王氏曰：「守敬按：原本如此作『七』。」

〔三〇〕此本隋志，新、舊唐志均作十四卷。

〔三一〕本之新唐志。

〔三二〕此本隋志，新、舊唐志均作漢書新注。

〔三三〕王氏曰：「守敬按：『敬播在師古之後，安能引之？』」

〔三四〕此本隋志，亦見新、舊唐志。

〔三五〕本之隋志，然書名原作定漢書疑。

〔三六〕本之新唐志。舊唐志作「顔延年撰」，章宗源隋志考證曰：「據顔師古傳，則舊志非是。」顔游秦者，延年之叔父。

〔三七〕此本新唐志。又後有李善漢書辨惑二十卷。然舊唐志「李喜」作「李善」，卷帙爲「三十卷」。按李善傳，此書係李善撰無疑，作「喜」誤。

〔三八〕本之通志略。

〔三九〕見隋志及新、舊唐志。

〔四〇〕本之隋志。

〔四一〕本之新唐志，其注曰：「卷亡。」

〔四二〕本之新唐志，「班」今本作「珽」。此乃避宋太祖曾祖趙珽諱缺筆而致誤。

〔四三〕見隋志及新唐志。

〔四四〕王氏曰：「守敬按：此據唐志增『新』字，實即隋志之齊陸澄注一卷，非別一書，已見前葉。」

〔四五〕王氏曰：「守敬按：原一卷，隋志三卷，唐志二卷。」此楊氏改從隋志。又錢大昕廿二史考異曰：「北平」當作「平北」，是。

〔四六〕王氏曰：「按稿本作『順岱』，楊云原亦誤『順』。」又章宗源曰：「劉昭續漢祭祀志注引項威漢書注。『威』、『岱』相似易訛。」又按此從隋志，新唐志作八卷。

〔四七〕見新、舊唐志。

〔四八〕「顧」，原作「顔」，顧、顔形近易訛，今據兩唐志以正。又兩唐志均作漢書古今集義，高氏當用簡稱。

〔四九〕此本新唐志。

〔五〇〕作者無考。

〔五一〕孟康音，已見於後。

〔五二〕以上皆本隋志。

〔五三〕疑「漢」後脱「書」字。

〔五四〕隋志、兩唐志均作漢書集解音義。

〔五五〕見隋志及兩唐志。

〔五六〕同上注。

〔五七〕本之隋志。

〔五八〕見隋志及兩唐志。唯隋志「泳」作「詠」。

〔五九〕本之隋志。兩唐志均作音，無「義」字。

〔六〇〕本之隋志。「等」下當脱「撰」字。亦見唐志。

〔六一〕隋志言亡，唐時復出，故兩唐志復載之。

〔六二〕本之新唐志。

〔六三〕按新唐志作十七卷。然晉灼漢書集注僅十四卷，而音却達十七卷之多，於理未合，恐當以史略作七卷爲是。隋志及舊唐志無載。

〔六四〕亦見新唐志，今本作音義二卷。通志略亦同。作「一」恐誤。

〔六五〕見新、舊唐志。

〔六六〕本之新唐志。

〔六七〕本之新唐志，「一卷」係「二卷」之誤。舊唐志亦作二卷，又「祥」作「詳」。

〔六八〕兩唐志均作律曆志音義，此恐脱「義」字。

〔六九〕本之新唐志。

〔七〇〕當是金坡遺事之誤，宋錢惟演撰，已佚，説郛卷七十七存有其書片斷之文。漢書補注本亦作金坡遺事。

〔七一〕漢書補注本「二千卷」作「三千卷」，「精妙」作「精好」。

〔七二〕漢書補注本作「尚在御府」，無「故流傳人間」五字。

〔七三〕王氏曰：「守敬按：『丁』字下原本紙損一字，似是『常』字。」

〔七四〕「初外氏」以下，皆似孫之語。

〔七五〕漢書補注本作「三千餘字」。

〔七六〕王氏曰：「守敬按：案慶元元年建安劉之問刊本所列有十四家，此自熙寧以下三本耳。」

〔七七〕宋書本傳作「不可」，南史本傳亦然。而高氏此引及此後之二引，俱作「可不」。以范曄之品性，孤傲自賞，自視不在班固之下，豈能言「不可及之」！從上下文理來看，則當以高氏所引爲是。又殿本亦作「可不」，足以爲證。

〔七八〕日藏本作「諸意甚多」。按：宋書本傳作「諸細意甚多」。二本皆有脱誤。

〔七九〕此乃宋書本傳所載范曄獄中與諸甥姪書之文。

〔八〇〕點校本南史及宋書均作「九年」。宋書校勘記曰：「『九年』各本及南史並作『元年』，孫虨宋書考論云：『彭城太妃卒在元嘉九年，此言元年，形近之誤。南史誤同。』按孫説是。上文有征南大將軍檀道濟北征，係元嘉七年事，此當在九年。」則高氏乃沿舊本之誤，未得詳考矣。

〔八一〕「刻」本傳作「致」。

〔八二〕本傳「序」後有「論」字，疑此脱。

〔八三〕王氏曰：「守敬按：原書作『當其』。」而非「嘗共」。楊校改。

〔八四〕王氏曰：「按稿本『細』作『緒』，楊云原作『諸』。」

〔八五〕「知」，本傳作「之」，恐當以「知」爲是。

〔八六〕「薛宣」係「董宣」之誤。

〔八七〕「王忳」，原作「王杬」。范書獨行傳作「王忳」，日藏本同，今據改。

〔八八〕此乃高氏之議論。

〔八九〕疑「甲乙」後脱「辨」字。

〔九〇〕點校本范書末附獄中與諸甥姪書，「同合」作「同含」，與宋書、南史均異。

〔九一〕此引當出自范書附録。然同一書之文，接連三出，不憚其煩，意欲何也？

〔九二〕王氏曰：「守敬按：『具』原作『其』。」

〔九三〕當作「諸家後漢書」。

〔九四〕本之隋志及新唐志。而舊唐志作「一百三十三卷」。

〔九五〕新唐志曰：「又録一卷。」

〔九六〕以上本自隋志，亦見新、舊唐志。

〔九七〕此上録自晉書本傳。

〔九八〕見新、舊唐志。

〔九九〕本之隋志，亦見新、舊唐志。

〔一〇〇〕「府」字據隋志及晉書本傳補。

〔一〇一〕録自晉書本傳。

〔一〇二〕「沈」，原作「沉」，據晉書謝沈本傳改。後徑改，不再出校。王氏曰：「守敬按：隋志八十五卷，注云本一百二十二卷。唐志一百二卷，又外傳十卷。此既據唐志録外傳，則不得復據隋志之總數也。」

〔一〇三〕此晉史，乃何法盛晉中興書，已佚，文載北堂書鈔卷五十七。

〔一〇四〕隋志言六十五卷，注曰本一百卷，梁有，今殘缺。高氏則從注文，並據兩唐志而書。

〔一〇五〕本之新唐志。隋志曰本一百卷。舊唐志作一百二卷，當包括録一卷。

〔一〇六〕本之晉書本傳。

〔一〇七〕本之隋志。「梁有」，日藏本作「梁本」。

〔一〇八〕出於梁書本傳。

〔一〇九〕王氏曰：「守敬按：史通作『冀』，後漢書作『異』。」

〔一一〇〕「嘉平」是「熹平」之誤，其訛已久。

〔一一一〕「礋」，原作「殫」；「彪」，原作「劇」，據後漢書改。其乃形近而訛。

〔一一二〕袁崧，即袁山松，諸載各異，恐當依晉書作「山松」爲是。

〔一一三〕即東漢刊誤。已見下「後漢書考」，此不當録。

〔一一四〕王氏曰：「守敬按：『精』原作『積』，誤。」

〔一一五〕出世説新語德行注。

〔一一六〕自「精練」以上，出世説新語品藻注，「練」本作「綜」。「郭林宗」以下則出於德行注。

〔一一七〕出世説新語德行注。

〔一一八〕出世説新語品藻注。

〔一一九〕同上。

〔一二〇〕按梁書劉昭傳，昭「集後漢同異以注范曄書，世稱博悉」。又曰「集注後漢一百八十卷」。此「八」或係「三」之訛。則劉昭是第一個爲范曄書作注之人，因感范曄書無志，而取續漢志注之，以補范史之不足。高氏只言劉昭補志，甚疏略。又按隋志曰劉昭注范書一百二十五卷，新、舊唐志均曰五十八卷，則劉昭范書注至唐時，已大量散佚，今不復存，而僅留續志注三十卷。

〔一二一〕見新唐書章懷本傳，亦分見張公謹傳、岑長倩傳。又新唐志「革希玄」作「格希玄」。

〔一二二〕本之隋志。韶，梁人，其書至隋時已亡。

〔一二三〕見於新、舊唐志。

〔一二四〕原脱「書」字，今據本卷分目補。

〔一二五〕所謂三館者，崇文院也。

〔一二六〕本之隋志。按南史，闡乃梁人，其書至隋已亡。

〔一二七〕本之隋志，亦見新唐志。

〔一二八〕兩唐志均作後漢書音義。

〔一二九〕本之隋志，而隋志書名全稱作范漢音訓。又點校本校勘記曰：「雲笈七籤五唐茅山昇真王先生傳作『臧矜』。」未詳孰是。又此書亦載新、舊唐志。

〔一三〇〕隋志作范漢音，兩唐志均作後漢書音。

〔一三一〕「四十」係「二十六」之譌。

〔一三二〕此引乃綜合晉書陳壽傳、南史裴松之傳而成。

〔一三三〕見晉書本傳。陳壽索米作傳，以私憾毁誣諸葛父子之事，清儒辯之詳矣。朱彝尊曝書亭集陳壽論，最爲精審，此不贅述。又下引崔浩之論亦佳。

〔一三四〕疑「質」下脱「直」字。

〔一三五〕亦本之晉書本傳。

〔一三六〕「以」，原作「之」，據魏書毛脩之傳改。「之」字無義。又「循」當作「脩」。

〔一三七〕毛脩之傳「蕭曹」作「管蕭」。

〔一三八〕壤，紛亂貌。

〔一三九〕王群栗以爲指歐陽脩，恐非。蜀漢書不詳卷帙，今已佚。

〔一四〇〕本之隋志，亦見兩唐志。均入故事類。據此標目亦當作「三國故事」。

〔一四一〕此同兩唐志。而隋志言四卷，注曰：「梁並曆五卷。」

〔一四二〕本之隋志。舊唐志、史通古今正史作四十四卷，新唐志作四十七卷。

〔一四三〕按晉書王沈傳，爲司空者，字處道，太原晉陽人。所謂字彦伯者，官僅至郡文學掾，以鬱鬱不得志，而作釋時論。晉書入文苑傳。高氏但求著書之速，而失於考辨也。

〔一四四〕晉書、魏志三少帝紀均作「正元」。王氏曰：「守敬按：原作『正元』。」則宋本不誤，楊氏誤改。

〔一四五〕此本隋志，乃編年體之史。陰澹，見晉書張軌傳，爲凉州股肱之將，當即此人。又魏志陳思王傳注引魏紀，亦作陰澹撰，則係晉人無疑。兩唐志作魏澹撰，非。又王氏曰：「稿本作『魏氏』，楊云原亦誤。」

〔一四六〕此本於新唐志。按下文高氏評語，魏略稱作典略。隋志未言魏略，而載典略八十九卷。舊唐志載魏略三十八卷，典略五十卷，若加目録一卷，與隋志正合。按下引魏略之文，與裴注所引典略多同，則此二書本實爲一書也。

〔一四七〕本之隋志。舊唐志作國紀十卷，新唐志作魏書國紀十卷，均列入編年體史書中。

〔一四八〕日藏本作「何氏論三國志九卷常侍」。王氏曰：「守敬按：『何常侍』原作『何氏』。」此當楊氏據隋志改，古逸本從之，其實不改亦無不妥。今姑存此校例。按晉書何劭傳，劭曾拜散騎常侍，「博學，善屬文，陳説近代事，若指諸掌」，此書或係劭所著。

〔一四九〕本之隋志，魏大事一卷，梁時並魏末傳爲三卷，皆亡。

〔一五〇〕疑「五」係「七」之誤。

〔一五一〕本之隋志。宗道，北齊人，書全稱作魏志音義。

〔一五二〕語見魏書李彪傳。

〔一五三〕見新、舊唐志。

〔一五四〕本之隋志，時存二十五卷，唐時復出，故新唐志作五十五卷。

〔一五五〕本之通志略。

〔一五六〕隋志作九卷，兩唐志作十卷。

〔一五七〕本之新、舊唐志。

〔一五八〕據隋志注，隋時書已亡。唐時復出，兩唐志亦載之。

〔一五九〕本之世説新語容止注。「吾」係「吴」之誤。魏志夏侯玄傳注亦作「吴」。

〔一六〇〕本之世説新語賢媛注。

〔一六一〕此乃世説新語賢媛注引陳留志名之文，高似孫誤涉上引而録，當删。

〔一六二〕本之世説新語品藻注。

〔一六三〕同上。

〔一六四〕同上。

〔一六五〕本之世説新語排調注。

〔一六六〕本之世説新語規箴注。

〔一六七〕本之世説新語豪爽注。

〔一六八〕此本隋志，然其時僅存八十六卷。唐時有所復出，故新、舊唐志作八十九卷。

〔一六九〕「隱及郭璞」以下見晉書本傳。其父名銓，有著述之志，每私録晉事及功臣行狀，未就而卒。

〔一七〇〕晉書謝沈傳曰：「撰晉書三十餘卷。會卒，時年五十二。」則此書似未完之作。因書早佚，故隋志、新、舊唐志不載。

〔一七一〕晉書虞預傳曰：「著晉書四十餘卷。」隋志著録二十六卷，注曰：「本四十四卷，訖明帝，今殘缺。」新、舊唐志作五十八卷，或至唐，書又復出，且卷帙有所分析，核其實，當本隋志作四十四卷爲是。

〔一七二〕本之隋志，時存十卷，新、舊唐志復著録爲十四卷。

〔一七三〕「承」係「靈運」之誤，隋志及兩唐志皆作「靈運」。承，吴武陵太守，亦非宋臨川内史。

〔一七四〕「三十六卷」本之隋志，新唐志作「三十五卷，又録一卷」，則隋志三十六卷已包括録一卷在内，不當再言「又録一卷」。

〔一七五〕本之隋志，然隋志「信州」作「徐州」。按南齊書本傳，榮緒隱居京口教授。南徐州辟西曹，舉秀才，不就。齊太祖爲揚州刺史，征榮緒爲主簿，不到。則隋志「徐州」乃「揚州」之誤，而高氏作「信州」，誤之甚矣。

〔一七六〕本之隋志，時存十一卷，唐時僅有九卷。

〔一七七〕「干」，原作「于」，三志均作「干」，此乃形近而訛，今據改。又干寶所著晉史，乃編年體，隋志、舊唐志、史通均作晉紀，此從新唐志作「書」，非。

〔一七八〕隋志作二十三卷，唐志及史通作二十二卷。此既從新唐志，則「一十二」係「二十二」之誤。

〔一七九〕本之隋志，而卷作一百一十一卷，此脱「一」字。

〔一八〇〕本之隋志，忠，梁人。

〔一八一〕「河東」係「湘東」之誤。

〔一八二〕出世説新語方正注。元凱，杜預字。

〔一八三〕出世説新語賞譽注。

〔一八四〕出世説新語德行注。

〔一八五〕出世説新語德行注。「廷」係「延」之誤。又所謂有「奇才儁辯」之能者，嵇紹之父嵇康也。高似孫多誤引，此又一例。

〔一八六〕此乃世説新語品藻注所引謝沈後漢書之語，高氏何疏略如此！

〔一八七〕出世説新語方正注。勗之曾祖，漢司空荀爽也。

〔一八八〕出世説新語賞譽注。季倫，山簡字。

〔一八九〕出世説新語品藻注。

〔一九〇〕出世説新語方正注。

〔一九一〕出世説新語言語注。

〔一九二〕出世説新語品藻注。

〔一九三〕出世説新語言語注。

〔一九四〕本於文選卷二十二謝叔源游西池詩注。叔源，謝混字，又字益壽。

〔一九五〕本於文選卷二十三張孟陽七哀詩注。孟陽，張載字。

〔一九六〕本於文選卷二十九王正長雜詩注。正長，王瓚字。

〔一九七〕本於文選卷二十七石季倫王明君詞注。季倫，石崇字。

〔一九八〕本於文選卷四左太冲三都賦注。太冲，左思字。

〔一九九〕本於文選卷二十三阮嗣宗詠懷詩注。嗣宗，阮籍字。

〔二〇〇〕出世説新語方正注。

〔二〇一〕出世説新語雅量注。「惟甚」乃「性甚」之誤，形近而訛。逵字安道。

〔二〇二〕出世説新語賞譽注。

〔二〇三〕本之新唐志。

〔二〇四〕亦本之新唐志，書全稱作晉書音義。

〔二〇五〕本之隋志。新、舊唐志作四十二卷，或唐時已有散亡。

〔二〇六〕本之隋志。王氏曰：「按稿本校作『嚴』，楊云原作『巖』。」隋志作「嚴」。又舊唐志作四十六卷，新唐志作五十八卷，則唐時亦有散亡，間或復出。

〔二〇七〕三志均同。

〔二〇八〕南史沈約傳論作「名亞董遷」。此恐誤倒。

〔二〇九〕「紀」原誤作「記」，逕正。「九」係「三十」之誤。

〔二一〇〕新唐志作「三十卷」。隋志曰：「梁有宋大明中所撰宋書六十一卷，亡。」按南史王智深傳，仕於齊武帝時，永明中奉敕撰宋紀三十卷。據此則隋志「宋大明中」恐係「齊永明中」之誤，卷帙亦有訛，或別有所據。又「梁人」亦當作「齊人」。

〔三二一〕此卷數與隋志、新唐志同。而舊唐志、崇文總目則作五十九卷，或不計序録一卷。

〔三二二〕王氏曰：「守敬按：案隋志劉涉齊紀十三卷，新唐志作劉陟齊書十三卷，舊唐志八卷，實一書也。此既録唐志齊書爲正史，又録隋志齊紀爲別史，謬甚！」

〔三二三〕見於隋志及兩唐志。

〔三二四〕點校本隋志作「十卷」，恐訛。此書當作「齊書」，詳見上。

〔三二五〕本之隋志。

〔三二六〕按隋志作「十卷」，此脱。舊唐志作「北齊志十七卷」，新唐志亦然。

〔三二七〕本之新唐志。

〔三二八〕本之南史蕭子顯傳，此乃沈約稱頌子顯鴻序賦之語。

〔三二九〕按隋志、兩唐志載吳均齊春秋三十卷，南史本傳亦然，當即此書。

〔三三〇〕本之南史吳均傳。

〔三三一〕王氏曰：「守敬按：隋志作『謝吴』，史通作『謝昊』，唐志同此書，三見皆作『炅』。或所據宋本隋、唐志有作『炅』者。又按唐書姚思廉傳作『炅』，高氏當據此改。」按點校本唐志皆作「昊」。

〔三三二〕舊唐志作五十卷，此從新唐志。

〔二二三〕本之隋志，「二十卷」係「三十卷」之誤。新、舊唐志亦作三十卷。

〔二二四〕本之隋志。

〔二二五〕本之隋志。

〔二二六〕見隋志、新、舊唐志。

〔二二七〕按卷四「史典」，有劉璠、何之元、謝炅三梁典，則此「二」當是「三」之誤。

〔二二八〕姚勖撰，十卷。所附乃卷四「史略」，非「史典」。

〔二二九〕當指姚察所撰梁書帝紀，七卷。本書無紀彙，不知所附。

〔二三〇〕本之新唐志。

〔二三一〕本之隋志，注曰：訖宣帝。

〔二三二〕本之唐志。

〔二三三〕本之舊唐志。新唐志作二卷。

〔二三四〕本之新唐志。

〔二三五〕本之隋志，亦見兩唐志。

〔二三六〕隋志作一百卷，新、舊唐志均作一百七卷。「七」、「十」形近易訛，恐當以作「七」爲是。又隋書本傳作九十二卷。

〔二三七〕本之新、舊唐志。

〔二三八〕本之通志略。亦見崇文總目。

〔二三九〕本之新唐志。

〔二四〇〕見舊唐書令狐德棻傳。

〔二四一〕指唐高祖。

〔二四二〕本之舊唐志。

〔二四三〕新、舊唐志均作二十卷，高氏引誤。

〔二四四〕見新、舊唐志。唯崇文總目作四十九卷。

〔二四五〕本之隋志。

〔二四六〕見新、舊唐志。

〔二四七〕本之新唐志。

〔二四八〕「損」本作「捐」，據舊唐書及前引改。

〔二四九〕此五代，指梁、陳、齊、周、隋五代。

〔二五〇〕見唐書房玄齡傳。

〔二五一〕新、舊唐志均作三十二卷，疑此脱「二」字。

〔二五二〕隋書王劭傳作八十卷，史通、新舊唐志亦然，此引誤。又劭書止録詔敕，爲記言體，以類相從，亦非編年體，故體例不甚完備，非書係未完之作。

〔二五三〕據隋書本傳，「隋惡」句本作「遂使隋代文武名臣列將善惡之迹」，可知史略「惡」上脱「善」字。又，「聞」，原作「間」，日藏本字有殘，但近「聞」字，故據以改。

〔二五四〕此書不見史志著録。疑即「唐修隋書」所言之五代史志。其雖編入隋書，而别行於世。按史通，隋志十，斷爲三十卷，則此「二十」當係「三十」之誤。通志略即作三十卷。

〔二五五〕本之新唐志。

〔二五六〕南北朝至隋凡八史，宋、齊、北魏三書，前代已撰成。唐貞觀中，詔諸臣陸續撰成南朝梁、陳，北朝齊、周，又著隋史，共計五代之史，故曰五代史。

〔二五七〕「寧」字原闕，據通志略補。

〔二五八〕本名作五代史志，此乃簡稱。直齋書録解題即作五代志。本段皆採自通志略。

〔二五九〕此按亦鈔自通志略，略有删改。

〔二六〇〕此本新唐志。崇文總目曰：「初吴兢撰唐史，自創業訖於開元，凡一百一十卷。」與此異。按史通，長安中，劉知幾與吴兢等奉詔共修唐史，勒成八十卷。神龍元年，又與兢等撰則天實録三十卷。二書卷帙之和，與崇文總目正合。然新唐志録則天實録爲二十卷，與高氏所言百卷數同。

未詳孰是。

〔二六一〕唐春秋，新唐志曰三十卷。

〔二六二〕「詔」原誤作「語」，「事」誤作「自」，均據新唐書吴兢傳改。

〔二六三〕全唐文卷六百三十五引「發揚」作「發明」。

〔二六四〕全唐文「布衣」上有「起」字，疑此脱。

〔二六五〕「之」字原闕，據全唐文補。

〔二六六〕韓昌黎文外集卷上引答劉秀才論史書，此句作「不可自敦率」。馬其昶曰：「敦率，猶敦勉也。或作『敢爲』，或無此二字。」今按：此二字恐有脱誤。據此則似孫所見本當作「不可自敢爲」，而誤脱「敢」字耳。

〔二六七〕本之崇文總目，亦見通志略。

〔二六八〕「後唐」係「後晉」之誤。賈緯所言，乃後晉天福六年二月己酉請修唐史奏議之文。

〔二六九〕五代會要「高宗」作「高祖」，「德宗」下有「亦存實録」四字，下接「武宗至濟陰」云云。册府元龜卷五百五十七亦同。高氏未嘗細究，節略過甚而致誤。

〔二七〇〕「闕」，原作「闊」，據五代會要及册府元龜改。

〔二七一〕册府元龜作五十五卷。然新、舊五代史賈緯傳均作六十五卷，與五代會要同。高氏引不誤。

〔二七二〕冊府元龜作唐年補遺録，新、舊五代史均作唐年補録，此同五代會要。

〔二七三〕「五百」係「二百」之誤。

〔二七四〕以上本之五代會要。又「伸」本作「申」，高氏引誤。

〔二七五〕原標題作「歐陽脩等唐書」，今據本卷分目改。

〔二七六〕通志略與此同。然直齋書録解題作四卷，其文曰：「紀、傳、志各一卷，摘舊史繁闕。又爲新例須知附於後，略舉名數，如目録之類。」今聚珍版本亦作四卷。

〔二七七〕與通志略同。

〔二七八〕宋史藝文志與此同。

〔二七九〕此與通志略所載同。

〔二八〇〕玉海作開寶六年，又曰七年閏十月書成。

〔二八一〕「胡沖」，宋史藝文志作「孫沖」。

〔二八二〕「責」，原作「貴」，新五代史作「責」，日藏本同，今據改。

〔二八三〕通志略作五代史初要。

〔二八四〕通志略、宋史藝文志均作「陶岳」，作「丘」恐誤。

〔二八五〕通志略與此同，而宋志作二卷。

〔二八六〕崇文總目、通志略皆與此載同。宋志作朱梁列傳。

〔二八七〕本於通志略。

〔二八八〕通志略作五卷，直齋書録解題又多雜録一卷，宋志作三卷，或元時已有散逸。然不論五卷或三卷，絶非如高氏所言僅二百餘字，顯而易見。

史略卷三

東觀漢記

東觀漢記百四十三卷，起光武記注至靈帝，長水校尉劉珍等撰〔一〕。

按後漢書文苑傳：劉珍字秋卿。永初中，鄧太后詔使與校書劉騊駼、馬融及五經博士〔二〕，校定東觀五經、諸子傳記、百家藝術，整齊脱誤，是正文字。永寧元年，太后又詔珍與劉騊駼作建武以來名臣傳。李尤字伯仁。安帝時，受詔與謁者僕射劉珍等俱撰漢記。又按顯宗起居注，明德皇后自譔。漢之后宮好文通史有如此者！其後有後漢記一百卷，晉散騎常侍薛瑩所撰，當本諸此。

永元十三年正月丁丑，和帝幸東觀，覽書林，閱篇籍，博選藝術之士充其官。洛陽宮殿名曰：「南宮有東觀。」永初中，學者稱東觀爲老氏藏室，道家蓬萊山。太僕鄧康薦竇章入東觀。靈帝詔圖高彪象於東觀〔三〕。

入東觀人

劉珍　劉騊駼　馬融　蔡邕　張衡　曹褒　黄香　李尤　楊彪　馬日磾　盧植

劉知幾曰：「後漢東觀，大集群儒，而著述無主，條章靡立。伯度譏其不實〔四〕，公理以爲可焚〔五〕，張、蔡二子糾之於當代〔六〕，傅、范二家嗤之於後葉〔七〕。」

漢記中鄧禹傳

序曰：賢駿思聖主，風雲從龍武，自然之應也。鄧禹以弱冠睹廢興之兆，羸粮筴馬以追世祖，遂信竹帛之願，建社稷之謀，襲蕭何之爵位，可謂材難矣。受命之初，躬率六師，中興治定，勒號泰山。聖上繼體，立師傅，位三公，功德之極，而禹兼之。易稱「利見大人」，詩有「自求多福」，其禹之謂與？〔八〕

漢記中吴漢傳

序曰：自古異代之臣，其詳不可得聞也已。近觀大漢高祖、世祖受命之會，建功垂名之臣，察其屈伸，固非鄉舉里選所能拔也。吴漢起鄉亭，由逆旅，假階韓鴻，發筴彭寵，然後遇乎聖王。把旄杖鉞，佐平諸夏，東征海嵎，北臨塞漠，西踰隴山，南平巴蜀，遂斬公孫述、延岑、劉永、董憲之首，斯其跨制州域，竊號帝王，章章可數者，標起糜沸之徒，其所洒掃衆矣。天下既定，將帥論功，吴公爲大。覽其戰剋行事，無知名，無勇功，令合於孫、吴，何者？建武之行師，計出於主心，勝決廟堂，將帥咸承璽書，倚威靈，以治剋亂，以智取愚，其勢然也。及漢持盈守位，勞謙小心，懼以終始，勒功帝佐，同名上古，盛矣哉！〔九〕

右劉知幾大譏漢記，述前人之言，以爲可焚可嗤。其對蕭至忠有曰：「古之國史，皆出一家，未嘗籍功于衆。惟後漢東觀，集群儒纂述，人人自爲政、駿〔一〇〕。」其言盡之矣。今姑録二序于前，夫張衡、蔡邕豈不以辭筆自騁，而所序者如此，是可與班、馬抗歟！

歷代春秋

戰國春秋。二十卷〔一一〕。

趙曄吴越春秋。十二卷〔一二〕。又有楊方吴越春秋削繁五卷〔一三〕。皇甫遵吴越春秋傳十卷〔一四〕。

陸賈楚漢春秋。九卷〔一五〕。

司馬彪九州春秋。十卷。記漢末事〔一六〕。又有九州春秋抄一卷，劉孝標注〔一七〕。

袁曄漢獻帝春秋。十卷〔一八〕。

孔衍漢春秋。十卷〔一九〕。

孔衍後漢春秋。六卷〔二〇〕。

孔舒元漢魏春秋。九卷〔二一〕。

孫盛魏氏春秋。二十卷〔二二〕。又有魏陽秋異同八卷，陳壽譔〔二三〕。

員半千三國春秋。三十卷〔二四〕。

崔良輔三國春秋。卷亡。深州安平人。日用從子，居白鹿山，門人謚曰貞文〔二五〕。

習鑿齒漢晉陽秋〔二六〕。晉滎陽太守，字彦威，襄陽人。博學治聞，以文筆著〔二七〕。

孫盛晉陽秋。三十二卷。訖哀帝〔二八〕。盛著魏氏春秋。晉陽秋詞直而理正，咸稱良史焉。字安國，太原人。

檀道鸞續晉陽秋。二十卷。宋永嘉太守〔二九〕。

王韶之晉陽秋〔三〇〕。韶之，琅邪臨沂人也。私譔晉陽秋，成時，人謂之宜居史職，即除著作郎，使續後事，訖義熙九年。善叙事，辭論可觀，爲後世佳史〔三一〕。

杜延篤晉春秋略。二十卷〔三二〕。唐人。

王琰宋春秋。二十卷。梁吴興令〔三三〕。

鮑衡卿宋春秋。二十卷〔三四〕。

吴均齊春秋。三十卷〔三五〕。

臧嚴栖鳳春秋。五卷〔三六〕。

吴兢唐春秋。三十卷〔三七〕。

韋述唐春秋。三十卷〔三八〕。

陸長源唐春秋。六十卷〔三九〕。

尹洙五代春秋。二卷〔四〇〕。

崔鴻三十國春秋。百二十卷。魏人〔四一〕。

十六國春秋略。二卷〔四二〕。

蕭方三十國春秋。三十卷。漢中元、建安，訖晉元熙，凡一百五十六年，以晉爲主，包吴孫、劉元海等三十國事〔四三〕。又有三十國春秋鈔二卷〔四四〕。

包胥河洛春秋。安禄山、史思明事〔四五〕。

武敏之三十國春秋。一百卷〔四六〕。

太史公作史記，最采楚漢春秋，意其論著瓌傑弘演，必有以合乎軌轍者。今得楚漢春秋，讀之不見其奇，試以一二言之：其一曰：「沛公閉函谷關，無内項王。項王大將亞父至關，不得入，怒曰：『沛公欲反！』即令家發薪策，欲燒關，關門乃開。」〔四七〕其一曰：「項王在鴻門，亞父諫曰：『吾使人望沛公，其氣衝天，五色相糾，或似雲，或似龍，或似人，此非人臣之象也，不若殺之。』」〔四八〕其一曰：「上南攻宛，匿旌旗，人銜枚，馬束舌，雞未鳴，已圍宛城三匝。」〔四九〕其一曰：「上過陳留，酈生求見。使者入通，方洗足，問如何人，曰狀類大儒。上曰：『吾方以天下爲事，未暇見大儒也。』使者出告，酈生瞋目按劒，『入言高陽酒徒，非大儒也』。」〔五〇〕楚漢春秋所載僅如此，太史公所采，亦以漢初之事未有記載，故有取於此乎？

至習鑿齒、孫盛、檀道鸞作魏、晉春秋，意義閎達，辭采清雋，斯亦一代之奇著〔五一〕。桓温見盛春秋，怒謂盛子曰：「枋頭誠爲失利，何至乃如尊君所説？」其子遽拜，請删定。諸子號泣請爲百口計，盛怒不許，諸子自改定之。盛乃書兩本，寄於慕容雋。泰元中，孝武帝博求異聞，殆於遼東得之，以相參校，多有不同〔五二〕。時温既覬覦非望，鑿齒著漢晉春秋以裁正之，起光武，終於晉愍帝。三國之時，蜀以宗室爲正，魏武雖受漢禪，尚爲簒逆，文帝平蜀，乃漢亡而晉始興焉〔五三〕。二子之作，嚴且正矣。善乎！唐史臣之言曰：「丘明既殁，班、馬迭興。自斯以降，分明競爽。」〔五四〕此之謂乎？「陽秋」者，避晉太后家諱，故曰「陽秋」。

歷代紀

荀悦漢紀。三十卷。後漢獻帝好典籍，常以班固漢書文繁難省，乃令悦依左氏傳體，爲漢紀三十篇，辭約事詳，論辨多美。其序云：「立典有五志焉：一曰達道義，二曰章法式〔五五〕，三曰通古今，四曰著功勳，五曰表賢能。於是天人之際，事物之宜，粲然顯著，罔不備矣。漢四百有六載，撥亂反正，統武興文，永惟祖宗之洪業，思光啓乎萬嗣。聖上穆然，惟文之恤，瞻前顧後，是紹是繼，闡崇大猷，命立國典。於是綴叙舊書，以述漢紀。中興以前明主賢臣得失之執，亦足以觀矣。」（荀悦傳）應劭注荀悦漢紀三十卷〔五六〕。唐李大亮爲凉州都督，表諫求鷹，太宗報書，賜荀悦漢紀曰：「悦論議深博，極爲政之體，公其繹味之。」〔五七〕

袁宏後漢紀。三十卷。字彦伯。自吏部郎爲東陽太守，有逸才，文章絶美。

張璠後漢紀。三十卷〔五八〕。

劉艾漢靈獻二帝紀。六卷〔五九〕。

環濟吴紀。十卷。晉太學博士〔六〇〕。

陸機晉紀。四卷〔六一〕。字士衡。晉平原内史。天才秀逸，辭藻宏麗。葛洪稱其文「宏麗妍贍，英鋭漂逸，亦一代之絶乎」〔六二〕。

鄧粲晉紀。十一卷。訖明帝。晉荆州别駕〔六三〕。其傳云：「著元明紀十篇。」晉史曰：「鄧粲、謝沈祖述前史，奇辭異義，罕見稱焉。」〔六四〕

干寶晉紀。二十卷〔六五〕。自宣帝，訖愍帝，五十三年。其書簡略，直而能婉，咸稱良史〔六六〕。干寶著晉論二千七百一十有七言，載於晉史者一千八百八十有五言，載於通鑑者七百二十有四言，可以爲芟夷煩亂，翦截浮辭之法。

曹嘉之晉紀。十卷。晉前軍諮議〔六七〕。

劉璨晉紀。世説注〔六八〕。

劉謙之晉紀。二十五卷。宋中散大夫〔六九〕。

王韶之晉紀。十卷。宋吴興太守。字休泰，琅琊人。善叙事，辭論可觀，爲後代佳史〔七〇〕。

徐廣晉紀。四十五卷。宋中散大夫〔七一〕。侍中邈之弟。世好學，至廣尤精純，百家數術無不研究。尚書奏：「有造中興記者，焕乎史策，宜勑著作郎徐廣撰成國史。」於是廣勒成晉紀，凡四十六卷，表上之〔七二〕。

郭季産續晉紀。五卷。宋新興太守〔七三〕。

王智深宋紀。三十卷〔七四〕。

沈約齊紀。十卷〔七五〕。

蕭韶梁太清紀。十卷。梁長沙王〔七六〕。

梁末代紀。一卷〔七七〕。

梁帝紀。七卷〔七八〕。

梁皇帝紀。七卷〔七九〕。

盧彦卿後魏紀。三十卷〔八〇〕。

崔彦發北齊紀。三十卷〔八一〕。

陳彭年唐紀。四十卷。本朝人〔八二〕。

皇甫湜謂：「荀氏漢紀，强欲復古，以爲編年，然其善語嘉話，細事詳政，多所遺矣。」〔八三〕予以爲不然。此書專爲正史繁博而作，辭約則事必省，事省則史必精，編年之體，難乎其詳且細矣。王通氏曰：「荀悦史乎！」〔八四〕是蓋知悦者矣。而杜預尤爲善言史者，有謂「史之舊章，從而修之」〔八五〕。故曰約史記而修春秋，殆此意歟？自悦而後，紀凡二十有一家，往往取則於荀氏。如陸機、鄧粲、徐廣、沈約數家，殊爲精覈。而家家有史，人人載筆。難乎其考矣。隋史氏以爲「史官廢絶久矣。魏晉以來，其道愈替。南、董之位，以禄貴遜〔八六〕，正、駿之司〔八七〕，罕因才授。故梁世諺曰：『上車不落則著作，體中何如則祕書。』尸素之儔，盱衡延閣之上，立言之士，揮翰蓬茨之下。一代之記，至數十家，傳説不同，聞見舛駁」〔八八〕，此之謂歟？

二

張璠漢紀曰：「范孟博滂。爲功曹，辟公府掾。升車攬轡，有澄清天下之志。百城聞滂高名，皆解印綬去。」〔八九〕又曰：「不畏强禦陳仲舉，天下模楷李元禮。」〔九〇〕鄧粲晉紀曰：「劉子驥驎之。少尚質素，虚退寡欲，好遊山澤，志尚遁逸。」〔九一〕又曰：「王平子澄。放曠不拘，時謂之達。」〔九二〕又曰：「王處仲性簡脱，口不言財，其操尚如此。」〔九三〕又曰：「王導協贊中興，敦有方面之功。」〔九四〕又曰：「裴遐以辯論爲業，善叙名理，辭氣清暢，泠然若琴瑟。」〔九五〕按晉諸公贊，遐字叔道，河東人。少有理稱，辟散騎郎。又按永嘉流人名三，夷甫以第四女適之。曹嘉之晉紀曰：「荀勗爲中書監，令尚同車。至和嶠爲令，而勗爲監。嶠意强抗，專車而坐，乃使監、令異車，自此始。」〔九六〕劉謙之晉紀曰：「王獻之性甚整峻〔九七〕，不交非類。」〔九八〕又曰：「桓玄欲復武賁中郎將，疑應直與不，訪之僚佐，咸莫能定。參軍劉簡之對曰：『潘岳秋興賦序云「余兼武賁中郎將，寓直于散騎之省」。以此言之，是應直也。』玄歡然從之。」〔九九〕徐廣晉紀曰：「劉遵祖爰之。少有才學，能言理。」〔一〇〇〕又曰：「殷浩清言。妙辯玄致，當時名流皆爲其美譽。」〔一〇一〕又曰：「凡稱風流者，皆舉王、劉爲宗焉。劉真長、王仲祖。庾道季，龢。太尉亮子也。風情率悟，以文談致稱於時。」〔一〇二〕又曰：「王導阿衡之世，經綸夷儉，政務寬恕，事從簡易，故垂遺愛之譽。」〔一〇三〕以上諸史，學者所未見，故爲槩舉一二，庶知其筆墨焉。

實録

六朝實録〔一〇四〕。

梁實録

梁皇帝實録。周興嗣譔〔一〇五〕。

梁皇帝實録。謝昊譔〔一〇六〕。

梁太清實録〔一〇七〕。

唐實録

唐六典曰：史官掌修國史，凡天地日月之祥，山川封域之分，昭穆繼代之序，禮樂師旅之事，誅賞興廢之政，皆本於起居注，以爲實録。

高祖實録。許敬宗、敬播譔〔一〇八〕。褚遂良讀之於前，太宗感動流涕。

太宗實録。元曰今上實録，敬播、顔胤譔〔一〇九〕。

貞觀實録。長孫無忌譔〔一一〇〕。

高宗實録。許敬宗譔〔一一一〕。

高宗後實録。初令狐德棻譔，乾封中，劉知幾、吴兢續成〔一一二〕。此再修者也。又有韋述所譔三十卷，武后所譔一百卷〔一一三〕。

則天實録。魏元忠、武三思、祝欽明、徐彦伯、柳冲、韋承慶、崔融、岑羲、徐堅譔，劉知幾、吴兢删正〔一一四〕。又有宗秦客聖母神皇實録〔一一五〕。

中宗實録。吴兢譔〔一一六〕。

太上皇實録。劉知幾譔〔一一七〕。

睿宗實録。吴兢譔〔一一八〕。

今上實録。張説、唐潁譔。次開元初事〔一一九〕。

開元實録。失譔人名〔一二〇〕。

玄宗實録。令狐峘譔〔一二一〕。

肅宗實録。元載監修〔一二二〕。

代宗實録。令狐峘譔〔一二三〕。

建中實録。沈既濟譔〔一二四〕。

德宗實録。蔣乂、樊紳、林寶、韋處厚、獨孤郁譔〔一二五〕。

順宗實録。韓愈、沈傳師、宇文籍譔〔一二六〕。

憲宗實録。沈傳師、鄭澣、宇文籍、蔣係、李漢、陳夷行、蘇景徜譔〔一二七〕。

穆宗實録。蘇景胤、王彦威、楊漢公、蘇滌、裴休譔〔一二八〕。

敬宗實録。陳商、鄭亞譔〔一二九〕。

文宗實録。盧耽、蔣偕、王渢、盧告、牛叢譔〔一三〇〕。偕三世修史，世稱良筆。其父乂，有史才。

武宗實録。韋保衡譔〔一三一〕。

五代實録

梁太祖實録三十卷。梁郗象等譔〔一三二〕。

後唐獻祖紀年録二卷〔一三三〕。

後唐懿祖紀年録一卷〔一三四〕。

後唐太祖紀年録十七卷〔一三五〕。

後唐莊宗實録三十卷。後唐趙鳳、張昭遠等譔。獻祖、懿祖、太祖爲紀年，莊宗爲實録〔一三六〕。

後唐明宗實録三十卷。姚顗等譔〔一三七〕。

後唐廢帝實録十七卷。皇朝張昭、劉温叟譔〔一三八〕。

後唐愍帝實録三卷。張昭等譔〔一三九〕。

晉高祖實録三十卷。漢竇正固、賈緯等譔〔一四〇〕。

晉少帝實録二十卷。竇正固等譔〔一四一〕。

漢高祖實録二十卷。漢蘇逢吉等譔〔一四二〕。

賈緯乾祐中受詔，與王伸、竇儼脩晉高祖、少帝、漢高祖三朝實録。緯以筆削爲己任，然而褒貶任情，記注不實。晉宰相桑維翰執政，嘗薄緯之爲人，不甚見禮，緯深銜之。及叙維翰傳，稱維翰身没之後，有白金八千鋌，他物稱是。翰林學士徐台符，緯邑人也，與緯相善。謂緯曰：「聞吾友書桑魏公白金之數，不亦多乎？」乃改爲「白金數千鋌」。書法如此，他可知矣〔一四三〕。

漢隱帝實録十五卷。張昭等譔〔一四四〕。

周太祖實録三十卷。張昭、劉温叟譔〔一四五〕。

周世宗實録四十卷。皇朝王溥等譔〔一四六〕。

實録之作，史之基也。史之所録，非藉此無所措其筆削矣。令狐峘修玄宗實録〔一四七〕，號爲著述甚清。喪亂之餘，實録散失，纂開元、天寶間事，唯得諸家文集，編其詔册名臣傳記，十無三四，後人以漏略稱之。初至德二年，史官于休烈等奏，自經賊火，國史實録並無其本。合詔府縣搜訪，重加購賞，數月唯得書一二百卷。前史官韋述，家藏國史一百十三卷，乃以送官，又僅若此。歐陽公、宋景文公受詔分譔唐史，一時有請，以爲唐自武宗後，並無實録，何所攷訂。則實録有補於史可知矣。又如柳玭以下十五人，分修宣宗、懿宗、僖宗實録，踰年不能編録一字，是非難乎？歐公作五代新史，往往多據建康實録耳。

先公預修神宗、哲宗、徽宗、欽宗四朝史，高宗實録。其史册散逸，記載疎略，尤有甚於令狐峘之時。分修志四，傳五十，實録〔一四八〕，十年而訪搜訂載，略不少恨。其有分秦檜傳者，筆不得下，今檜傳僅數葉而已。似孫乃爲纂修檜傳，極爲精覈。史館移牒取索，不欲録報也。

二

顯慶中，高宗以許敬宗譔太宗實録，所紀多非實，謂劉仁軌曰：「朕觀國史所書，多不周悉，卿等必須窮微索隱，原始要終，盛業鴻勳，咸使詳備。」憲宗徧讀列聖實録，見貞觀、開元故事，竦慕不能釋卷，謂宰臣曰：「太宗之創業如此，玄宗之致理如此，我讀國史，始知萬倍不如焉。」文宗嘗曰：「順宗實録似未詳實，史官韓愈不是當時，屈人否？」李石曰：「韓愈貞元末爲四門博士。」上曰：「司馬遷與任安書，全是怨望，所以漢武本紀事多不實。」鄭覃曰：「漢武中年後，大發戎馬，拓土開邊，生人耗竭，本紀所述，亦非過言。」初愈撰順宗實録，説禁中事頗切直，内官惡之，往往於上前言其不實，累朝有詔改修。及修憲宗實録，文宗復令改正永貞間事跡。隨奏：「乞條示舊記最錯誤者，委史官條定。」乃詔刊去實録中所書德宗、順宗朝禁中事，其他不要更修〔一四九〕。按愈進順宗實録表曰：「監修李吉甫授臣以前史官韋處厚所撰先帝實録三卷，云未周悉，令臣重修。臣與修撰左拾遺沈傳師、直館咸陽尉宇文籍等共加採訪修成，削去常事，著其繫於政者，比之舊録，十益六七，忠良姦佞莫不備書。」觀此則内官所惡者在是矣。又云：「沈傳師等採事，得於傳聞，致有差誤。聖明無遺，恕臣不逮，重令刊正。今並添改訖。其奉天功烈，更加尋訪，已据所聞，載於首卷。」愈秉史筆，而所言云爾，嗚呼難哉！唐史筆所修，往往視其人之才否。至於高宗、文宗，尚能知所刊整，其視委成史氏，無所孜擇者，固有間矣。

起居注

漢一獻帝起居注〔一五〇〕。

晉十六泰始起居注〔一五一〕。咸寧起居注〔一五二〕。建武大興永昌起居注〔一五三〕。咸和起居注〔一五四〕。泰康起居注〔一五五〕。元康起居注〔一五六〕。咸康起居注〔一五七〕。建元起居注〔一五八〕。永和起居注〔一五九〕。升平起居注〔一六〇〕。太元起居注〔一六一〕。崇寧起居注〔一六二〕。晉起居注〔一六三〕。流別起居注〔一六四〕。晉宗起居注〔一六五〕。晉起居注鈔〔一六六〕。

宋七永初起居注〔一六七〕。景平起居注〔一六八〕。元嘉起居注〔一六九〕。孝建起居注〔一七〇〕。大明起居注〔一七一〕。泰始起居注〔一七二〕。泰豫起居注〔一七三〕。

齊一永明起居注〔一七四〕。

梁一大同起居注〔一七五〕。

陳四永定起居注〔一七六〕。天嘉起居注〔一七七〕。天康光大起居注〔一七八〕。至德起居注〔一七九〕。

後魏一起居注〔一八〇〕。

隋一開皇起居注〔一八一〕。

唐二大唐創業起居注〔一八二〕。開元起居注〔一八三〕。

漢武帝有禁中起居注，明德馬后自撰顯宗起居注，后削去兄防參醫藥事。章帝請曰：「黃門舅日夕供養且一年，既無褒異，又不録勤勞〔一八四〕，無乃過乎？」太后曰：「吾不欲後代聞先帝數親後宮之家，故不録也。」漢有起居注久矣，不止獻帝也。漢時起居注似在宮中，爲女史之職。蓋周内史所記，王命之副也。梁吴均欲撰齊書，求借齊起居注及群臣行狀，武帝弗許，遂私撰奏之。是知記注之作，有補於史。太宗謂褚遂良曰：「卿知起居注可得見否？」遂良以爲「不聞帝王躬自觀史」。正元中，上問趙憬起居注所記何事，憬言：「國朝自永徽以後，起居唯得對仗承旨，仗下後謀議，皆不得聞。其曰注記，但出於己，行制敕内採録〔一八五〕，更無他事。長壽中，姚璹知政事，以爲親承謨訓，若不宣自宰相，史官無由得知。遂請仗下後所言軍國政要，宰相專知撰録，號『時政記』」，李弘憲曰：「時政記者，姚璹修之於長壽，璹罷而寢。賈耽、齊抗修之於貞元，耽、抗罷而廢。」李德裕曰：「璹所撰時政記，厥後因循多闕，乞依故事，知印宰相撰録，歲末送史館。」杜牧曰：「舊例宰臣於閤内及延英奏事，知印宰臣。盡，書送史館，名時政記。但記示己之辭〔一八六〕，或忘同列之對，獻替之説，史册不詳，欲乞人自爲記，共成一編，必無遺漏。」觀唐諸公之言如此，則記亦非詳且核矣〔一八七〕。月送史館。無何此事又廢。」上曰：「君舉必書，義存勸戒，宜依故事爲之。」李德裕言：「延英奏事，後向外傳，説三事猶兩事虚謬。豈有起居注皆三二年後，採於傳聞，耳目已隔，固非實事。宜如故事，每季送史館。如軍國大政，傳聞疑誤，許於政事堂見宰相，臨時酌量。如事已施行，非關機密者，並一一言説所異，書事信實，免有傳疑。」按興慶宫有起居注并餘書三千六百卷，則起居注不爲不詳矣。

唐左右史螭坳書事

唐制朝日，左右史分立赤墀之下，丹淹泥，以塗殿墀。郎左，舍人右。李肇國史補曰：「兩省謔起居爲螭頭，以其立近石螭也。」鄭覃傳曰：「記注操筆在赤墀下。」張次宗傳：「文宗始詔左右史立螭頭下。」韋絢初除右史中，謝，置筆札於玉階欄楯之石，趨而書辭拜舞。絢嘉話。

唐志曰：「宣政殿朝日，殿上設黼扆、躡席、薰爐、香案，而宰相兩省對班于香案前。」則是香案自在殿上，向之，兩省對班而直。「案前」者，乃從殿下準望而言，非夾立香案左右也。又按王仁裕入洛，過長安，見含元殿前玉階三級。第一級可高丈許，每間引出一石螭頭，東西鱗次。第二、第三級各高五尺，蓮花石頂，階兩面龍尾道，各六七十步，方達第一級。而宣政殿紫宸螭頭，雖不明載，然據唐志，「御正殿，則起居郎、舍人分左右立。有命則俯陛以聽，退而書之。正殿者，宣政也」。志又曰：「若仗在内閤，則夾香案，分立殿下第二螭首，和墨濡筆，皆即螭處。内閤者，紫宸也。」三殿皆有螭，於此可見。姚璹所謂延英奏事者，小殿也。

延英殿時政

六典言：「宣政殿西上閤門之左，即延英殿。上元二年，殿中當御座，生玉芝。」延英召對宰臣，始於代宗。時以苗晉卿年老，特御是殿，優禮也。陽城欲救陸贄，約拾遺王仲舒守延英殿閤上疏。其言守閤者，開延英以受其對也。錢希白南部新書記唐制，内有公事，即開延英。長安志以延英在紫宸殿東。吕大臨圖引李庚賦曰：「東則延英耽耽。」又按會要，元和十五年，詔於西上閤門西廊内，開便門，以通宰臣，自閤中至延英。則延英不在紫宸之東矣。會要之説，蓋與六典合。

僖宗時，易延英爲靈芝，表芝瑞也。還自蜀，仍曰延英。正元七年，詔諸司官長，許對延英。德宗又詔「今後有陳，宜於延英請對」。憲宗時，元稹爲拾遺，亦乞於延英訪問。自後諸州刺史又於延英陛辭。韓臯爲中丞，奏事紫宸殿，上曰：「我與卿言不盡，可來延英，與卿從容。」又天祐後，一旬三開延英。元和中，義武節度張茂昭舉族歸朝，故事雙日不坐，是日特開延英，亦禮之特。璹修時政記，請延英奏事宰臣，書送史館，其謂是歟？

時政記

永徽後，左右史唯對仗承旨，仗下謀議不得聞。武后以姚璹表尚符瑞，擢平章事。

璹奏：「帝王謨訓不可闕記，請仗下所言軍國政要，責宰相自撰，號時政記，以授史官。」從之。時政有記，自璹始。大中六年，平章事裴休言：「宰相論政上前，知印者爲時政記。他議事有所闕，史氏莫得詳。請宰相人自爲記，付史官。」詔可。元和八年，上以時政記問於宰相，監修國史李吉甫對曰：「是宰相記天子事，以授史官之實録也。」上曰：「其間或修或不修，何也？」吉甫曰：「凡面奉德音〔一八八〕，未及施行，樞機周密，固不可書以送史官。其間謀議有發自臣下者，又不可自書以付史官。及事已行者，制旨昭然天下，皆得聞知，即史官記之，不待書以授也。」姚璹修於長壽，璹罷而事廢。賈耽修於正元，耽罷而事廢。」

唐曆

肅宗詔柳芳與韋述綴輯吴兢所譔國史，會述死，芳續成之。叙天寶後事，棄取不倫，史官病之。後坐事貶黔中，從高力士質開元、天寶及禁中事，倣編年法爲唐曆四十篇，頗有異聞。然不立褒貶義例，爲諸儒譏訕。

按唐曆起隋義寧元年，訖建中三年〔一八九〕。又續唐曆二十二卷〔一九〇〕。又有唐曆目録一卷，唐崔令欽譔〔一九一〕。其後又有唐曆目録一卷，唐年曆一卷，唐劉軻譔〔一九二〕。唐曆帝紀一卷〔一九三〕。又按前史有吴曆六卷，胡冲譔〔一九四〕。晉曆二卷〔一九五〕，陳曆二卷〔一九六〕。唐曆蓋因乎此。芳字仲敷，河東人。

唐會要

五代會要、西漢會要不知誰作，甚簡約〔一九七〕。

唐蘇冕譔唐會要四十卷，起高祖，迄代宗〔一九八〕。崔鉉譔唐會要四十卷，次德宗以來至大中間事〔一九九〕。本朝王溥譔唐會要一百卷，起宣宗至唐末，合蘇、崔二書，合爲百卷〔二〇〇〕。溥又譔五代會要三十卷，起梁開平，迄周末〔二〇一〕。

玉牒

玉牒見於唐，所以奠世系〔二〇二〕，分宗譜也。開成中，李衢上皇唐玉牒一百一十卷〔二〇三〕。李乂有玉牒行樓二卷〔二〇四〕。其在本朝志世系之外，更爲一史，以紀大事。大事者，降誕、符瑞、即位、大臣除拜、大政事、大詔令也。是所謂大事必書者。其書一年一進。

按建武三十二年，梁松等奏[二〇五]，求元封封禪故事，當用方石再累置壇中，用玉牒書藏方石。牒厚五寸，長尺三寸，廣五寸。有玉檢。又用石檢十枚，列於石傍，以告曰：「刻玉牒，書函藏金櫃，璽印封之。」又按唐麟德元年，有事岱宗，造三玉册，皆以金繩編玉牒爲之，刻玉填黄金爲字。又爲玉匱以藏。蓋太史公所曰「紬金匱石室之書」者也。韓昌黎有曰「功德鏤乎白玉之牒」，抑謂是歟？

今玉牒殿制度，玉牒以銷金羅爲紙書之，夾以銀梵葉。先太史在牒寺最久，乃得專修神宗一朝玉牒。事既專，則筆削不亂。唯神宗國史，有所謂朱墨本者，史之所載，殊多私意。先公是正，特爲精覈，可以言史矣。

校　箋

〔一〕出自隋志。舊唐志載一百二十七卷，新唐志曰一百二十六卷，又録一卷。

〔二〕「與」，誤作「典」，據范書改。

〔三〕「彪」，原作「武」，據後漢書文苑傳改。

〔四〕伯度，李法字。後漢書李法傳曰：和帝永元中，上書「譏史官記事不實，後世有識，尋功討德，必不明信」，坐失旨，免爲庶人。亦見華陽國志漢中士女。

〔五〕公理，仲長統也。其性俶儻，敢直言。曾作詩曰：「百家雜碎，請用從火。」然似與東觀書無涉，不詳知幾何以用此言。

〔六〕張，張衡。後漢書本傳曰：「及爲侍中，上疏請得專事東觀，收撿遺文，畢力補綴。又條上司馬遷、班固所叙與典籍不合者十餘事。又以爲王莽本傳但應載篡事而已，至於編年月，紀災祥，宜爲元后本紀。又更始居位，人無異望，光武初爲其將，然後即真，宜以更始之號建於光武之初。書數上，竟不聽。及後之著述，多不詳典，時人追恨之。」又蔡，蔡邕也。後漢書注引邕别傳，言其作漢記十意，上書自陳曰：「臣自在布衣，常以爲漢書十志下盡王莽而止，光武已來唯記紀傳，無續志者。臣所事師故太傅胡廣，知臣頗識其門户，略以所有舊事與臣。雖未備悉，粗見首尾。」

〔七〕史通覈才引傅玄語曰：「觀孟堅漢書，實命代奇作。及與陳宗、尹敏、杜撫、馬嚴撰中興紀傳，其文曾不足觀。豈拘於時乎？不然，何不類之甚者也？是後劉珍、朱穆、盧植、楊彪之徒，又繼而成之。豈亦各拘於時，而不得自盡乎？何其益陋也？」范，指范曄。本東觀記，删煩補缺，以著後漢書。又此上引自史通忤時。

〔八〕史通論贊曰「東觀曰序」，以此證之，信然。此贊唯此一見，四庫輯本失載。

〔九〕四庫輯本亦失載。

〔一〇〕指劉向、劉歆父子。向字子政，歆字子駿。

〔一一〕隋志曰李概撰。乃記五胡十六國事，非載戰國七雄之始末也。兩唐志亦然。高氏列於此，殊不類。

〔一二〕隋、唐三志皆同。

〔一三〕「楊」，誤作「揚」，據三志改。又新唐志「繁」作「煩」。

〔一四〕隋志無「傳」字，此從兩唐志。

〔一五〕此同隋志、新唐志，舊唐志作二十卷。

〔一六〕本之隋志。

〔一七〕見通志略。

〔一八〕本之唐志。隋志無「漢」字。

〔一九〕見兩唐志。

〔二〇〕亦見兩唐志。

〔二一〕本之隋志。

〔二二〕本之隋志，新、舊唐志作魏武春秋。

〔二三〕據兩唐志，「陳壽」係「孫壽」之誤。

〔二四〕此本新唐志，「三十」係「二十」之誤。通志略亦作二十卷。半千，唐人，本名餘慶。王義方曰：「五百歲一賢者生，子宜當之。」遂名半千。

〔二五〕出於新唐志，然引文誤「良佐」爲「良輔」，「居」下脱「共」字，「貞文」下脱「孝父」二字，疏甚。

〔二六〕本之隋志，而兩唐志均作漢晉春秋，與晉書本傳同。前者作四十七卷，當有散亡。後者作五十四卷，乃書原有卷數，高氏漏引。

〔二七〕取於晉書本傳。

〔二八〕本之隋志。新唐志作二十二卷。

〔二九〕本之隋志。新唐志無「續」字，舊唐志亦同，然作「檀道鸞注」，與他載異。

〔三〇〕宋書本傳作晉安帝陽秋，此乃略稱。隋志載王韶之晉紀十卷，疑即此書。又兩唐志作崇安記十卷，疑本當作隆安記，韶之避宋文帝劉義隆諱而改。隆安，晉安帝年號，則三書異名而實同一書也。世説新語引作晉安帝紀，見前卷引。

〔三一〕以上均本自宋書本傳。

〔三二〕「篤」係「業」之誤，兩唐志均作「業」。

〔三三〕本於隋志，亦見新唐志。

〔三四〕見於兩唐志。

〔三五〕見載隋、唐三志，舊唐志誤作三卷。

〔三六〕本於新唐志，亦見舊唐志。

〔三七〕本作二十卷，楊守敬據新唐志而改。

〔三八〕同上注。然通志略作二十卷，或高氏别有所本，當復宋本之舊。

〔三九〕本於新唐志。

〔四〇〕見通志略。

〔四一〕隋志及兩唐志均作十六國春秋，高氏引誤。此卷帙本唐志，隋志作一百卷。

〔四二〕見通志略。

〔四三〕此因襲鄭樵之訛，復增舛訛，甚謬。「蕭方」，乃「蕭方等」之訛。方等，梁世祖子，謚曰忠壯世子。楊守敬稿本校補「等」字，黎氏未照刊補。「漢中元建安」，鄭氏通志略作「起漢建安」，高氏誤「起」爲「中元」，復倒置「漢」後，遺人笑柄。按三十國春秋，實起於魏齊王嘉平元年，鄭注亦非。

〔四四〕亦見通志略。

〔四五〕新唐志、崇文總目、通志略「胥」均作「諝」。另，小注原脱，據日藏本補。

〔四六〕見兩唐志。

〔四七〕王氏曰：「守敬按：此見高祖紀。」按史記高祖紀。索隱引楚漢春秋作「解先生云『遣守函谷，無内項王』」，與高氏引異，守敬所按非是。此引實見類聚卷六，「策」乃「一束」之誤。

〔四八〕王氏曰：「守敬按：此見水經渭水注。」按水經注所引多脱誤。此引實出御覽卷八十七。

〔四九〕王氏曰：「守敬按：此見史記高祖本紀索隱注。」又曰「鳴」原本作「明」。

〔五〇〕見御覽卷三百四十二。

〔五一〕王氏曰：「守敬按：『著』原本作『者』。」

〔五二〕見晉書孫盛傳。

〔五三〕見晉書習鑿齒傳。

〔五四〕見晉書卷八十二傳末「史臣曰」。

〔五五〕「章法」二字本誤倒，據漢紀及范書本傳乙正。

〔五六〕本之新唐志。又，「荀悦傳」三字乃注中小字注，今加括號以區別之。

〔五七〕録自唐書本傳。

〔五八〕見於三志，上書亦同。

〔五九〕王氏曰：「按稿本作『劉殳』，楊云據兩唐志改。」隋志作「劉芳」。

〔六〇〕同通志略，亦見兩唐志。

〔六一〕此從隋志，兩唐志均作晉帝紀。

〔六二〕取自晉書本傳。

〔六三〕本之隋志。

〔六四〕録自晉書卷八十二「史臣曰」，故疑「晉史」下脱「臣」字。

〔六五〕隋志作二十三卷，兩唐志作二十二卷。此據晉書。楊據唐志改作二十二卷，黎仍其舊，甚是。

〔六六〕録自晉書本傳。

〔六七〕本之隋志。

〔六八〕各志均無著録劉璨紀，唯世説注中一見，疑「劉璨」係「鄧璨」之誤。

〔六九〕此與通志略同。疑高氏原本隋志，「三」「五」形近易訛，皆當以「三」爲是。新、舊唐志作二十卷，疑其書唐時已有散佚。

〔七〇〕此即晉陽秋，或稱晉安帝紀，説已見前「歷代春秋」。

〔七一〕此本隋志，亦見兩唐志。

〔七二〕録自晉書本傳。

〔七三〕本之隋志。兩唐志作晉續紀。

〔七四〕見新、舊唐志。

〔七五〕三志均作二十卷，此誤。又已見前「齊别史」，此當删。

〔七六〕本之隋志。亦見新、舊唐志。

〔七七〕見於三志。

〔七八〕本於隋志。

〔七九〕本於新、舊唐志。實即上書。不當復出。此乃高氏沿鄭樵之訛。

〔八〇〕此本新唐志，然「三十」下脱「三」字。舊唐志、通志略均作三十三卷，與新志同。

〔八一〕隋志作「齊紀」，「彦發」作「子發」。按此本通志略，然鄭略亦作「子發」，此「彦」乃涉上引「盧彦卿」之「彦」而訛。又新、舊唐志作北齊記二十卷，當即此紀。

〔八二〕出於通志略。

〔八三〕出其所撰之編年紀傳論。

〔八四〕見於中説。

〔八五〕見於杜預春秋左傳集解序。

〔八六〕隋志「遜」作「遊」，此誤。

〔八七〕「正」，即「政」，劉子政向也。

〔八八〕隋書經籍志史部史臣叙。

〔八九〕本之世説新語賞譽注。

〔九〇〕本之世説新語品藻注。

〔九一〕本之世説新語棲逸注。此引「山澤」下脱「間」字，又「尚」作「存」。

〔九二〕本之世説新語簡傲注，「曠」本作「蕩」。

〔九三〕本之世説新語豪爽注，「操」原作「存」。

〔九四〕本之世説新語言語注。

〔九五〕本之世説新語文學注。

〔九六〕本之世説新語方正注。

〔九七〕王氏曰：「按稿本作『性其』，楊云疑『甚』誤。」世説新語原文作「甚」。

〔九八〕本之世説新語忿狷注。

〔九九〕本之世説新語言語注。

〔一〇〇〕本之世説新語排調注。

〔一〇一〕本之世説新語賞譽注。

〔一〇二〕「宗焉」以上本之世説新語品藻注。「庾道季」以下本之言語注。

〔一〇三〕本之世説新語政事注。按原注作徐廣歷紀，前「之」作「三」，形近而訛，高氏引誤。

〔一〇四〕通志略作五百四十卷。隋、唐志不載。

〔一〇五〕新唐志作二卷，通志略亦然。舊唐志作三卷。

〔一〇六〕新、舊唐志均作五卷。

〔一〇七〕新志作十卷，通志略與之同。舊志作八卷。

〔一〇八〕兩唐志作二十卷。舊志題房玄齡撰。新志題「敬播撰，房玄齡監修，許敬宗删改」。

〔一〇九〕本之新唐志，二十卷。「顔胤」係「顧胤」之誤。亦見舊唐志。

〔一一〇〕本録自新唐志，四十卷。舊志作太宗實録。

〔一一一〕此從舊唐志，三十卷。新唐志作皇帝實録。

〔一一二〕新唐志「乾封中」作「止乾封」，餘同。而書名作高宗後修實録。

〔一一三〕韋、武二書亦本新唐志。舊志無韋述之作。

〔一一四〕本之新唐志，二十卷。

〔一一五〕兩唐志均作十八卷。

〔一一六〕兩唐志均作二十卷。

〔一一七〕本之新唐志，十卷。

〔一一八〕本之新唐志，五卷。

〔一一九〕本之新唐志，二十卷。

〔一二〇〕本之新志，四十七卷。

〔一二一〕新志作一百卷，元載監修。

〔一二二〕三十卷。

〔一二三〕四十卷。

〔一二四〕凡十卷。

〔一二五〕凡五十卷。裴垍監修。

〔一二六〕凡五卷。李吉甫監修。

〔一二七〕凡四十卷。「徜」，新志作「胤」。書録解題作「裔」，乃避宋太祖諱而改。則「徜」本作「胤」。景胤，蘇弁之子，任中書舍人。

〔一二八〕凡二十卷。路隋監修。

〔一二九〕凡十卷。李讓夷監修。

〔一三〇〕凡四十卷。魏謩監修。

〔一三一〕凡三十卷。韋氏爲監修。以上皆本新唐志。

〔一三二〕本於通志略。崇文總目作一卷。

〔一三三〕本於通志略。崇文總目作一卷，趙鳳等撰。

〔一三四〕本於通志略。亦趙鳳等撰。

〔一三五〕同上。

〔一三六〕本於通志略。崇文總目作二十卷。

〔一三七〕亦據通志略。

〔一三八〕王氏曰：「按稿本作『劉温』，楊云據解題補。」按此本通志略，原有「叟」字，高氏誤脱。張昭，即張昭遠，避後漢高祖劉知遠諱而止稱昭。

〔一三九〕崇文總目作「姚顗等撰」，此從通志略。

〔一四〇〕本於通志略。「正固」本作「貞固」，避宋仁宗諱而改。下同。

〔一四一〕同上。

〔一四二〕本於通志略。

〔一四三〕見舊五代史賈緯傳。

〔一四四〕本之通志略。

〔一四五〕本之通志略。

〔一四六〕同上。

〔一四七〕「令狐峘」本誤作「今狐峘」，徑改。

〔一四八〕王氏曰：「守敬按：『實録』上文疑有脱文。」

〔一四九〕以上皆録自舊唐書。

〔一五〇〕隋、唐志均作五卷。

〔一五一〕隋志曰二十卷，李軌撰。兩唐志亦同。

〔一五二〕十卷，亦李軌撰。

〔一五三〕隋志作九卷，注云梁有二十卷。兩唐志作二十二卷。

〔一五四〕隋志作十六卷，李軌撰。新、舊唐志作十八卷。

〔一五五〕隋志作二十一卷，亦李軌撰。兩唐志作二十二卷。又王氏曰：「守敬按：泰康、元康當在建武之前。」甚是。此高氏誤倒。

〔一五六〕隋志作一卷。唐志無。

〔一五七〕隋志作二十二卷，唐志同。舊志作李軌撰。

〔一五八〕隋志作四卷。唐志亦然。

〔一五九〕隋志作十七卷，注曰梁有二十四卷。唐志均作二十四卷。

〔一六〇〕隋志作十卷。唐志同。

〔一六一〕隋志作二十五卷，注曰梁有五十四卷。唐志均作五十二卷。

〔一六二〕新唐志有此，作十卷。王氏曰：「守敬按：晉無『崇寧』年號。隋志有隆和興寧起居注五卷。舊唐志作『崇和』，又別有崇寧起居注十卷，新唐志因之。余謂此必一書，舊唐誤分爲二，高氏刪

『隆和、興寧』而存『崇寧』，尤爲不典矣。」按舊唐志校勘記引錢大昕廿二史考異卷五八云：「『崇寧』當爲『崇安』，即『隆安』也。隆安紀元在寧康、太元之後，元興、義熙之前。此下又有晉隆安元興大亨副詔八卷，可證『崇寧』爲『隆安』之訛。」其説是。按隆和興寧起居注在太元起居注之前，高氏置崇寧起居注於太元起居注之後，則非一書明矣，「崇寧」當作「隆安」，楊氏考之未洽也。

〔一六三〕隋志作三百一十七卷，注曰宋北徐州主簿劉道會撰。又曰梁有三百二十二卷。唐志均作三百二十卷。

〔一六四〕隋志作三十七卷。新唐志作四十七卷。

〔一六五〕疑隋志注所言晉宋先朝起居注之訛，二十卷。「宋」、「宗」形近易訛。

〔一六六〕新唐志一作何始真晉起居鈔五十一卷，此本自隋志「梁有晉宋起居注鈔五十一卷」。聯繫上引，高氏亦當本此。新志又一作晉起居注鈔二十四卷。

〔一六七〕隋志作十卷。兩唐志作六卷。

〔一六八〕隋志作三卷。唐志同。

〔一六九〕隋志作五十五卷，注曰梁六十卷。舊唐志作六十卷，而新唐志作七十一卷。

〔一七〇〕隋志作十二卷。新唐志作十七卷。

〔一七一〕隋志作十五卷，注曰梁三十四卷。而舊唐志作八卷，新唐志同隋志。

〔一七二〕隋志作十九卷，注曰梁二十三卷。唐志無。

〔一七三〕隋志作四卷。亦不載唐志。

〔一七四〕隋志作二十五卷。注曰梁有三十四卷。新唐志亦作二十五卷。

〔一七五〕隋志作十卷。新唐志「大同」下多「七年」二字。

〔一七六〕隋志作八卷。

〔一七七〕隋志作二十三卷。

〔一七八〕隋志作十卷。

〔一七九〕隋志作四卷。兩唐志以上四書統稱陳起居注，凡四十一卷，當有散佚。

〔一八〇〕全名後魏起居注，三百三十六卷，見隋志。兩唐志作二百七十六卷。

〔一八一〕隋志作六十卷。而新唐志作開皇元年起居注六卷。

〔一八二〕兩唐志作三卷，温大雅撰。

〔一八三〕新唐志作三千六百八十二卷，失撰人名。

〔一八四〕「勤」，原作「勳」，據日藏本改。按：後漢書亦作「勤」。

〔一八五〕「摽」，原誤作「操」，據日藏本改。

〔一八六〕王氏曰:「按稿本作『世己』,楊云『世』疑作『示』。」黎照改。

〔一八七〕王氏曰:「按稿本作『且續矣』,楊云『詳且續』三字疑有誤,『續』疑作『核』。」亦照改。

〔一八八〕「音」,唐書本作「旨」,恐高氏引誤。

〔一八九〕本之通志略,亦見新唐志。

〔一九〇〕新唐志作韋澳、蔣偕、李荀、張彦遠、崔瑄撰。亦載通志略。

〔一九一〕本之通志略。崇文總目脱「欽」字。

〔一九二〕疑「又有」下「唐曆目録一卷」六字爲衍文,諸志均無載。唐年曆本之通志略。

〔一九三〕亦本通志略。

〔一九四〕見唐志及通志略。

〔一九五〕亦見兩唐志及通志略。

〔一九六〕通志略作陳王業曆,陳中書郎趙齊旦撰。此乃略稱。

〔一九七〕西漢會要,通志略作十卷,未注撰人名氏。高氏當本此。而不詳五代會要所出。

〔一九八〕本於通志略。

〔一九九〕同上。新唐志作楊紹復、裴德融、崔瑑、薛逢、鄭言、周膚敏、薛廷望、于珪、于球等撰,而崔鉉乃監修。又書名當作續會要。

〔三〇〇〕本於通志略。又疑前「合」字乃「以」字之誤。

〔三〇一〕亦本自通志略。

〔三〇二〕「系」原誤作「繫」，逕改。下文同改。

〔三〇三〕見於新唐志。撰者尚有林寶。

〔三〇四〕「李乂」，本作「李匡文」。高氏避宋太祖諱去「匡」字。又崇文總目作「匡乂」。

〔三〇五〕「松」，原作「從」，據范書及續漢志改。

史略卷四

史典

王逸齊典。五卷〔一〕。

劉璠梁典。三十卷〔二〕。

何元之梁典。三十卷。陳始興王諮議〔三〕。

謝昊梁典。三十卷〔四〕。

元行沖魏典。三十卷。記後魏事，唐人〔五〕。

唐穎稽典。一百三十卷。開元中，穎罷臨汾尉，上之。張説奏留史館修譔〔六〕。

李延壽太宗政典。三十卷〔七〕。

王彦威唐典。七十卷〔八〕。

按何元之梁典高帝革命論曰：「官自有梁，備觀成敗。昔因出軸，流寓齊都，窮愁著書，竊慕虞子，簡牘多闕，略不盡舉。」觀此則典之爲書，亦幾於紀，事省而辭約者也。

史表

古今年表。一卷〔九〕。

袁希之漢表。十卷〔一〇〕。

韓祐續古今人物表。十一卷。開元十七年上，授太常寺太祝〔一一〕。

柳芳唐宰相表。三卷〔一二〕。

陳繹輔相表。十卷。皇宋〔一三〕。

宰輔年表。載熙豐間事〔一四〕。

國朝年表。八卷〔一五〕。

太史公曰：「五帝、三代之記，尚矣。自殷以前諸侯不可得而譜，周以來乃頗可著〔一六〕。讀春秋曆譜諜，至周厲王，廢書而嘆〔一七〕。」則知載筆之嚴，莫嚴於譜諜。世本十五篇，古史官記黄帝以來，訖春秋，帝王、公、侯、卿、大夫祖世之所出。表之作，其有據於此乎？善乎，班固之言曰：「綴續前記，究其本末〔一八〕。表舉大分〔一九〕，别而叙之〔二〇〕。」表之爲義如此。

史略

張温三史略。三十卷〔二一〕。

張緬後漢略。二十五卷〔二二〕。

魚豢魏略。五十卷〔二三〕。

杜延篤晉春秋略。二十卷〔二四〕。

荀綽晉後略。十一卷〔二五〕。

吉文甫十五代略。十卷。起庖犧至晉〔二六〕。

裴子野宋略。二十卷〔二七〕。

姚最梁後略。十卷〔二八〕。

梁承聖中興略。十卷〔二九〕。

丘悦三國典略。二十卷。以關中、鄴都、江南爲三國，記南北朝事〔三〇〕。

環濟帝王要略。十二卷。紀帝王及天官、地理、喪服〔三一〕。

張太素隋後略。十卷〔三二〕。

郭偐唐年統略。十二卷〔三三〕。

李吉甫六代略。三十卷〔三四〕。

杜信史略。三十卷〔三五〕。

杜毅大業記略。三卷〔三六〕。唐人。

裴子野諟宋略〔三七〕，其序事評論多善。沈約嘆其評論可與過秦、王命分路揚鑣，是爲翦繁撮要之法。然諸子所録，並出意度〔三八〕，自成機杼，是難以槩論。然有至略之法存焉，人特不着眼耳。堯典載曆象、治水、禪舜之事大矣，凡四百六十字。舜典載受禪、命官之事亦大矣，凡八百三十六字。禹貢載山川、貢賦、名物、水功之事尤大矣，凡一千二百八字，非略之至乎？

史鈔

葛洪史記鈔。十五卷〔三九〕。

葛洪漢書鈔。三十卷〔四〇〕。

葛洪後漢書鈔。三十卷〔四一〕。

吴志鈔。一卷〔四二〕。

張緬晉書鈔。三十卷〔四三〕。

三十國春秋鈔。二卷〔四四〕。

九州春秋鈔。一卷。劉孝標注〔四五〕。

右唐仲彦有子鈔〔四六〕，虞世南有北堂書鈔，皮日休有鹿門書鈔〔四七〕，唐人有碎金鈔〔四八〕，張九齡有珠玉鈔，蘇易簡有文選鈔〔四九〕。凡言鈔者，皆擷其英，獵其奇也，可爲觀書之法也。

史評

王濤三國志序評。三卷。晉人〔五〇〕。

徐爰三國志評〔五一〕。

二評蓋專爲三國所書，設是，固有可評者。司馬公作通鑑，遺書劉道原曰：「魏、吴、蜀、宋、齊、梁、陳、後魏、秦、夏、凉、燕、北齊、後周、五代諸國，地醜德齊，不能相一，名號鈞敵，本非君臣者，皆用列國之法。彼此抗衡，無所抑揚，没皆稱殂，王公稱卒，庶幾不誣事實，稍近至公。至於劉備，雖承漢，族屬疏遠，不能紀其世數名字。亦猶宋高祖自稱楚元王後，李昪自稱吴王恪後，是非難明，今並同之列國，不得與漢光武、晉元帝爲例。」以温公之殊見絶識，而於此難決，是果難乎？習鑿齒作漢晉春秋，其言有曰：「桓温覬覦非望，乃著漢晉春秋以裁正之〔五二〕。起光武，終於晉愍帝。於三國之時，蜀以宗室爲正，魏武雖受漢禪，尚爲篡逆。至文帝平蜀，乃爲漢亡而晉始興焉。」其説如此，豈不快哉！

史贊

范曄後漢書贊。十八卷〔五三〕。

范曄後漢書論贊。五卷〔五四〕。

傅暢晉諸公贊。二十二卷〔五五〕。

雜贊十六附

上古以來聖賢高士贊。二卷。周續之〔五六〕。

徐州先賢傳贊。九卷。劉義慶〔五七〕。

會稽先賢傳。二卷。鍾離岫〔五八〕。

陳留先賢傳贊。一卷。陳英宗〔五九〕。

長沙舊傳贊。三卷。晉臨川王郎中劉彧〔六〇〕。

吴先賢贊。三卷〔六一〕。

會稽太守像贊。二卷。賀氏〔六二〕。

東陽朝堂像贊。一卷。晉太山太守留叔先〔六三〕。

桂陽先賢畫贊。五卷。吴左中郎張勝〔六四〕。

聖賢高士傳贊。三卷。嵇康〔六五〕。

至人高士傳贊。二卷。孫綽〔六六〕。

列仙傳贊。三卷。孫綽〔六七〕。

六賢圖贊。二卷。唐李渤撰，前代夫婦俱隱者六人〔六八〕。

孝子傳贊。三卷。王韶之〔六九〕。

忠孝圖贊。二十卷。李襲譽〔七〇〕。

凌煙功臣贊。并傳四十卷。蔣乂〔七一〕。

唐十八學士贊。一卷。吕温〔七二〕。

烈女傳贊。一卷。繆襲〔七三〕。以上諸贊，辭多瓌傑〔七四〕，故録焉。

先太史嘗言：「歐陽公譔新唐史，紀、志皆脱藁，獨太宗紀贊難乎其爲工。既成，一夕夢神人，金甲持兵，琅乎問罪，以紀贊過乎措辭。蓋太宗也。公乃爲改作。」

又治平中，妙柬一時名人修仁宗史，以帝紀屬之李邦直。其所作贊，久不能成。一日出示諸公，曰：「竭平生之力，是傚馬、班漢文帝贊。由今觀之，固有間矣。只如兩漢書中大贊寧有幾？非不欲追抗太史公筆力，然其辭可琢，其氣格不可敵，况其下者乎？」

史草

蕭子顯晉史草三十卷〔七五〕。

予嘗觀楊文公史草〔七六〕，用竹紙細字，字清美，塗攛甚少，蓋造思之素者也。又觀歐陽公史草，闊行真字，殊有更易處，又一二紙，更易幾盡。又觀宋景文公史草，則佳紙闊行，筆史所書，其草乃兩傳，凡劉史之舊，所易幾盡。今以新傳比舊傳，則一時群臣奏疏，往往攛改，所存不一二〔七七〕。又觀司馬公通鑑草紙，闊狹不侔，有翦爲數寸，闊者兩面密書，時有塗改處，字尤端楷。觀此則想象蕭公史草，令人精神飛越，恨不一披元筆。

二

古人制作，不只遺辭合理，而一字之施，有不可易者。景文公修唐書，韓文公傳全載進學解、諫佛骨表、潮州謝上表、祝鱷魚文，殊不甚竄改。於進學解，頗易數字。以「招諸生」爲「召」字，「障百川而東之」爲「停」字，「跋前疐後」爲「躓」字。韓公本用狼跋詩語，非躓也。其他以「爬羅剔抉」爲「把羅」，「焚膏油」爲「燒」，以「取敗幾時」爲「其敗」。吳元濟傳書平淮西碑文千六百六十字，固有他本不同，然才減節，輒不穩當。「明年平夏」一句，悉芟之。「平蜀西川」減「西川」字。「非郊廟祠祀，其無用樂」減「祠」、「其」兩字。「皇帝以命臣愈，臣愈再拜稽首」，減下「臣」字。「汝其以節都統討軍」，以「討」爲「諸」，討者，如左傳討軍實之義，若云諸軍，恐非奇。柳子厚傳載與蕭俛、許孟容書，正符、懲咎賦四篇，孟容書氣義步武，全與漢楊惲答孫會宗書相似。正符倣班孟堅典引。而其四者次序或失之，至云「宗元不得召，内閔悼，作賦自儆」。然其語曰：「逾再歲之寒暑。」則責居日月未爲久，難以言不得召也。資治通鑑但載梓人及郭槖駞傳，以爲其文之有理者。其識見取舍，固有在云〔七八〕。

史例

顔師古注漢書例。一卷。

劉餗史例。三卷〔七九〕。

沂公史例。一卷。田宏正客〔八〇〕。

金馬統例。一卷〔八一〕。

呂夏卿唐書新例。一卷〔八二〕。

司馬公通鑑前例。一卷。

善言史例，無若杜征南。然古之爲例簡，而後之爲例詳，不止是也。事有出於常事之表，則創例亦新，用志亦艱矣。神而明之者，史乎？

史目

唐楊松珍譔史目〔八三〕。唐宗諫譔十三代史目〔八四〕。唐孫玉汝譔唐列聖實録目〔八五〕。其後作史目者準此。隋志所謂「古史官既司典籍，蓋有目〔八六〕，以爲綱紀」。是亦史之綱紀也。

通史

梁武帝通史。六百二卷〔八七〕。

按通史上自三皇，迄梁，全用編年法〔八八〕。

李延壽南史。八十卷〔八九〕。

李延壽北史。一百卷〔九〇〕。

唐李延壽父大師，多識前世舊事，常以宋、齊、周、隋天下參隔，南方謂北爲索虜，北方指南爲島夷，其史於本國詳，他國略，往往訾美失傳，思所以改正。擬春秋編年〔九一〕，刊究南北事，未成而歿。延壽既數與論撰，所見益廣，乃追終先志，本魏登國元年，盡隋義寧二年，作本紀十二，列傳八十八，謂之北史；本宋永初元年〔九二〕，盡陳禎明三年，作本紀十，列傳七十，謂之南史。凡八代，合二書，百八十篇。其書頗有條理，删落釀辭，過本書遠甚。唐鄭暐作史雋十卷，亦記南北朝事，何及李氏史之精覈〔九三〕。張伯玉又續史雋十卷。伯玉，唐人〔九四〕。

高峻小史。一百卷〔九五〕。

峻，元和中人。著小史，初爲六十卷，餘卷乃其子迥釐益之。一以太史公書爲準，作漢諸臣、諸王世家，嚴整有律，是深於史者。

姚康復統史。三百卷〔九六〕。

統史自開闢至隋末，用編年法，纂帝王政事，凡詔令所下皆書，至於鹽鐵、榷糴、兵糧、邊事，無不該載，以及釋道燒煉妄求無驗者，亦書之。康，大中中爲太子詹事。

蕭肅合史。二十卷〔九七〕。

蘇轍古史。二十卷。皇朝〔九八〕。

太史公易編年之法，爲本紀、世家、列傳，記五帝三王以來，後世莫能易之。漢景、武之間，尚書古文、詩毛氏、春秋左氏皆不列於學宫，世能讀之者少，故其記堯、舜三代之事，皆不得聖人之意。戰國之際，諸子辯士各自著書，或損增古事，以自信一時之説。遷一切信之，甚者或采世俗相傳之語，以易古文舊説。及秦焚書，戰國之史不傳於民間，幸而野史一二存者，遷亦未暇詳也。故其記戰國，有數年不書一事者。因遷之舊，上觀詩、書，下考春秋，及秦漢雜録，記伏犧、神農，訖秦始皇帝，爲七本紀，十六世家，三十七列傳，謂之古史。追録聖賢之遺意，以明示來世。至於得失成敗之際，亦備論其故。嗚呼！由數千歲之後，言數千歲之前，其詳不可得矣。幸其猶有存也，而或又失之，此古史之所爲作。

資治通鑑

皇朝端明殿學士司馬光，治平中受詔編集歷代君臣事迹，許自選辟官屬，於崇文院置局。熙寧初，神宗皇帝御製序，賜名資治通鑑，命經筵進讀。及光補外，聽以書局自隨。元豐七年，書成。上起戰國，下終五代，凡一千三百六十二年，分二百九十四卷。又略舉事目爲目録三十卷。參考群書，訂其同異，爲考異三十卷。

資治通鑑舉要曆。八十卷〔九九〕。

司馬公既著通鑑，患其書浩大，難於易見，而目録第撮取精要之語，無復首尾，晚乃著是書。

資治通鑑外紀。十卷〔一〇〇〕。

皇朝劉恕撰。初司馬公受詔修歷代君臣事跡，辟恕于史局。公退居洛陽，恕歸江東，仍隸局中。嘗謂司馬遷史記始於黄帝，其包犧、神農闕而不録。公爲歷代書，而不及周威烈王之前。以包犧至未命三晉爲諸侯，可爲前紀。本朝一祖四宗，一百八年，可爲後紀。將俟書成，有請於公。及恕病，廢。又在遠方，不可得國書，絶意於後紀，乃更前紀曰外紀，如國語稱春秋外傳之義也。又有目録三卷，起包犧氏，訖周威烈王二十二年。恕，字道原，京兆人。

通鑑參據書

史記　前漢書
後漢書　三國志
晉書　南史
北史　齊書
周書　宋書
梁書　陳書
隋書　新舊唐書
宋略　新舊五代史
魏氏春秋　唐録政要
天寶故事　後史補
袁宏漢紀　荀悅漢紀
太清紀　十道志

禄山事迹　李昊蜀書
高峻小史　世語
漢武故事　文貞公傳録
天寶西幸記　毛文錫紀事
華陽國志　國典
魏文貞公故事　段秀實别傳
續漢書　三十國春秋
平陳記　玄宗幸蜀記
續漢志　晉春秋
大業略記　梁功臣列傳
薊門紀亂　東觀記
十六國春秋　通曆
朝野僉載　河洛春秋
收復邛州壁記　張播漢記

職官志　大業雜記
潘薳紀聞　汾陽王家傳
五代通録　漢晉春秋
後魏書　隋季革命記
宜都内人傳　顔氏行狀
閩中實録　九州春秋
玉泉子聞見録　河洛行年記
陳氏別傳　李太尉南行録
王氏啓運圖　紀年通譜
通典　創業起居注
張彭耆舊傳　會稽録
嘉號録　燕書
貞觀政要　狄梁公傳
句延慶耆舊傳　勤王録

山陽公載記
壺關録
徐鉉吴録
胡冲吴曆
唐曆
十國紀年
英雄記
太宗勳史
咸通解圍録
江表傳
革命記
唐年補録
獻帝春秋
唐朝年代記

修文殿御覽
松窗雜録
九國志
獻帝起居注
景龍文館記
馬氏行年記
前凉録鈔
開天傳信記
王舉大定録
後魏序紀
升平源
湖湘馬氏故事
十六國春秋録
次柳氏舊聞

續寶運録　華嶠譜叙
唐統紀　明皇雜録
北夢瑣言　金鑾密記
御史臺記　閩録
唐餘録　歷代年號
集賢注記　見聞録
劉氏興亡録　韋曜吴書
劉餗小説　虞喜志林
編遺録　孫盛雜語
伽藍記　唐會要〔一〇二〕
五代會要　妖亂志
寰宇記　吴録
三國典略　唐聖運圖
鮮于仲通碑　吴越備史

虜庭雜記　徐鉉江南録

陷蕃記　貞陵遺事

谷況燕南記　續牛羊日曆

五代史闕文　洛中紀異

王貴妃傳　劇談

錢易家語　啓國實録

正閏位曆　五代史補

西南備邊録　備史遺事

晉陽見聞録　玉堂閑話

興元聖功録　開成紀事

忠懿王勳業志　兩朝獻替記

戊申英政録　三楚新録

雲南別録　何氏姓苑

續貞陵遺事　唐年小録

金華子雜編
錢氏慶系圖譜
常侍言旨
皮光業見聞録
奉天記
李絳論事
貢奉録
蒲山公傳
唐末汎聞録
建中實録
北蕃君長録
唐諫諍集
唐末見聞録
江表志

甘露記
韋奉天録
林恩補國史
家王故事
劉展紀亂
唐闕文
上清傳
後唐懿祖紀年録
因話録
會昌一品集
南唐近事
鄴侯家傳
東觀奏記
牛羊日曆

雲溪友議

唐列聖實録自高祖至昭、哀，凡二十世。

叙訓

邠志

皇華四達記

彭門紀亂

河南記

平剡録

長曆

驚聽録

南詔録

韓愈集

李白集

白居易集

杜牧集

張九齡集

陳子昂集

獨孤及集

劉琨集

高郢集

鄭畋集

顧况集

賈至集

柳宗元集

大中制集

先賢行狀

馮涓大廳壁記

蜀德政碑

吴融生祠堂碑　陳子昂德政碑

何進滔德政碑　鄭畋行狀

征天賦　武威王廟碑〔一〇二〕

真宗初命編修君臣事迹，謂輔臣曰：「宴享一門所録唐中宗宴飲，韋庶人等預會和詩，與臣寮馬上口摘含桃事，皆非禮也，已令削之。」又曰：「所編事迹，蓋欲垂爲典法，異端小説，咸所不取。」編修官上言：「近代群臣自述揚歷〔一〇三〕，如李德裕文武兩朝獻替記、李石開成承詔録、韓偓金鑾密記之類。又有子孫述先德，叙家世，如李繁鄴侯傳、柳氏序訓、魏公家傳之類。隱己之惡，攘人之善，並多溢美，故匪信書。又僭僞諸國，各有著撰，如僞吴録、孟知祥實録之類。自矜本國，事或近誣。其上並所不取。其餘三十國春秋、河洛記、壺關録之類，多是正史已有；秦記、燕書之類，出自僞邦；商芸小説〔一〇四〕、談藪之類，俱是談諧小事；河南志、邠志、平剡録之類，多是故吏賓從述本府戎帥征伐之功，傷於煩碎；西京雜記、明皇雜録，事多語怪；奉天録尤是虚詞，盡議采收，恐成蕪穢。」從之。書成，賜名册府元龜。所遺既多，亦失明白。如司馬公通鑑則不然，今人但以爲取諸正史，予嘗窮極通鑑用工處，固有用史，用志傳，或用他書，萃成一段者，則其爲功切矣，其所采取亦博矣，乃以其所用之書，隨事歸之于下，凡七年而後成，通鑑中所引援二百二十餘家。試以唐一代言之：叙王世充、李密事，用河洛記；魏鄭公諫争，用諫録；李絳議奏，用李司空論事；睢陽事，用張中丞傳；淮西事，用凉公平蔡録；李泌事，用鄴侯家傳；李德裕太原、澤潞、回鶻事，用兩朝獻替記〔一〇五〕；大中吐蕃尚婢婢等事，用林恩後史補；韓偓鳳翔謀畫，用金鑾密記；平龐勛，用彭門紀亂；討裘甫，用平剡録；紀畢師鐸、吕用之事，用廣陵妖亂志，皆本末粲然，則雜史瑣説家傳，豈可盡廢〔一〇六〕。今録于前，使觀者知其功力如此，不敢率於展卷也。

校　箋

〔一〕本之隋志。

〔二〕本之隋志，亦見兩唐志。

〔三〕本之隋志。然隋志及新唐志均作「何之元」，唯舊唐志作「何元之」，非。當依陳書本傳作「之元」爲是。

〔四〕「昊」，原作「炅」，日藏本作「昊」。按：新、舊唐志、通志均作「昊」；隋志作「吴」；文獻通考作「旻」；新唐書姚思廉傳作「炅」，直齊書録解題、玉海與之同，古逸本據以改之。然諸説各異，莫衷一是，仍當存高氏之舊，從日藏本作「昊」爲宜。王氏曰：「守敬按：新唐志三十九卷。此書他録不載，必非别有所據。」

〔五〕見新唐志、崇文總目及通志略。

〔六〕本於新唐志。亦據新志改「臨穎」作「臨汾」。又「穎」當是「潁」之誤，新志作「唐潁」。

〔七〕本之新唐志。

〔八〕本之新唐志。亦見通志略。

〔九〕本之通志略。

〔一〇〕見兩唐志。

〔一一〕本之新唐志。「十一卷」之「一」，係衍文。「授」，原作「校」，「授」、「校」形近易訛，據新志改。

〔一二〕本之通志略。新唐志「唐」上有「大」字。

〔一三〕本之通志略。

〔一四〕本之通志略，一卷。

〔一五〕本之通志略。

〔一六〕見史記三代世表序。

〔一七〕見史記十二諸侯年表序。

〔一八〕見漢書高惠高后文功臣表序。

〔一九〕見漢書百官公卿表。

〔二〇〕見漢書外戚恩澤侯表。

〔二一〕隋志作二十九卷。此從唐志。又唐志作三史要略。

〔二二〕此本隋志。兩唐志作後漢書略。

〔二三〕此本新唐志。隋志及舊唐志作典略。二者當爲一書。詳見「魏別史」魏略注。

〔二四〕見新、舊唐志。「篤」係「業」之誤。

〔二五〕三志及通志略均作五卷，此引誤。又隋志、舊唐志書名作晉後略記。

〔二六〕本之隋志。亦見兩唐志。

〔二七〕見於三志。

〔二八〕兩唐志作梁昭後略，而隋志「最」作「勖」。按周書，當以作「最」爲是。

〔二九〕本之隋志，劉仲威撰。

〔三〇〕本之通志略。新唐志作三十卷。

〔三一〕本之隋志，而兩唐志作帝王略要。

〔三二〕此同通志略。兩唐志作「張大素」。

〔三三〕本之通志略。

〔三四〕本之新唐志。

〔三五〕同上。

〔三六〕按兩唐志及通志略均作趙毅隋大業略記，高氏乃涉上文「杜信」而誤「趙」爲「杜」，又倒置「略記」二字，而應「史略」之目，甚謬。

〔三七〕「宋略」本作「史略」，據前文改。

〔三八〕王氏曰：「按稿本作『玄出』，楊云『玄』字疑誤，當是『並』字。」

〔三九〕新唐志作十四卷，通志略亦同，此引誤。

〔四〇〕本之新唐志。

〔四一〕見於兩唐志。

〔四二〕本之通志略。不詳撰人。

〔四三〕見於新、舊唐志。

〔四四〕本之通志略。

〔四五〕同上。

〔四六〕疑「唐仲彦」係「庾仲容」之誤。諸志子鈔無唐仲彦撰者。

〔四七〕通志略作鹿門家抄九十卷。乃皮氏所編五言詩類事。新唐志亦作「鹿門家鈔」。

〔四八〕出於通志略，失撰人名氏。

〔四九〕亦本通志略，張鈔一卷，宋人蘇鈔十二卷。

〔五〇〕本於隋志。亦見新唐志。

〔五一〕本之隋志。兩唐志「爰」作「衆」。點校本隋志，據新、舊唐志及魏志臧洪傳注，改「爰」作「衆」。

〔五二〕「漢晉春秋」本脱「晉」字，據晉書本傳及上文所引補。

〔五三〕隋志作漢書贊，而兩唐志均作十三卷。高氏各取其一，不知何據？

〔五四〕與新、舊唐志同。隋志作後漢書贊論四卷。

〔五五〕此同兩唐志。隋志作二十一卷。

〔五六〕王氏曰：「守敬按：隋志：聖賢高士傳贊三卷，嵇康撰，周續之注。宋書周續之傳：『常以嵇康高士傳得出處之美，因爲之注。』南史同。『舊唐志嵇康、周續之分著，各三卷，以嵇康爲傳，續之爲傳贊，已爲謬誤。新唐志以嵇康作八卷，以續之作三卷，尤誤。此沿舊唐之誤。』楊説是。高氏此引「高士」下脱「傳」字，「二卷」係「三卷」之誤，「續之」下當有「注」字。

〔五七〕此本隋志。新唐志作八卷。

〔五八〕王氏曰：「守敬按：舊唐志有會稽先賢像讚五卷，新唐志四卷，並題賀氏。隋志有會稽後賢傳記二卷，鍾離岫撰。此書既匯雜贊，則當題賀氏之書，且先賢、後賢亦誤也。」

〔五九〕此本隋志。又隋志及兩唐志「傳」下均有「像」字，此脱。

〔六〇〕此本隋志。「彧」原誤作「或」，據日藏本改。又「舊」隋志作「耆舊」，兩唐志作「舊邦」，高氏折衷，只存「舊」字。

〔六一〕舊唐志「吴」下有「國」字。而新唐志除作「吴國」外，「贊」上尚有「像」字。

〔六二〕本之新、舊唐志。

〔六三〕王氏曰：「按稿本校作『南平太守』，楊云據志改。」按隋志「太山」正作「南平」，楊説是。黎氏未照改，甚誤。又新唐志「像」作「書」。

〔六四〕隋志作一卷。高氏除卷數從兩唐志外，餘從隋志。

〔六五〕此與上古以來聖賢高士贊爲一書，詳見前注。

〔六六〕此本隋志。

〔六七〕此本隋志。其注曰：「劉向撰，鬷續，孫綽贊。」舊唐志曰劉向撰列仙傳贊二卷，非。

〔六八〕新唐志作一卷。通志略亦然。此作二卷，非。

〔六九〕此從隋志。舊唐志作十五卷。按新唐志曰傳十五卷，贊三卷。則舊志誤也。

〔七〇〕新、舊唐志「圖」下均有「傳」字，此脱。

〔七一〕見通志略。

〔七二〕通志略「贊」上有「真」字。

〔七三〕此本隋志。

〔七四〕「瓌」原誤作「壞」，據日藏本改。

〔七五〕本之隋志。小注原脱，據日藏本補。又新、舊唐志作「蕭景暢撰」。按梁書本傳，子顯字景陽，唐志「景暢」係「景陽」之誤。

〔七六〕楊文公，楊億也。按宋史本傳，億曾預撰太宗實録，獨草五十六卷。又言其「精密有規裁，善細字起草，一幅數千言，不加點竄，當時學者，翕然宗之」。據此則高氏所言不虚也。

〔七七〕此言歐陽修、宋祁撰修新唐書之史草。劉史，即劉昫舊唐書。

〔七八〕「景文公修唐書」以下，全取容齋五筆唐書載韓柳文，略有删改。

〔七九〕出於新唐志。

〔八〇〕出自新唐志。「一卷」係「十卷」之誤。所謂「田宏正客」，乃田宏正門客之意。

〔八一〕通志略作金門統例三卷，疑此引有訛。

〔八二〕見通志略。又「新例」上原有「直筆」二字，此脱。

〔八三〕見新、舊唐志。三卷。

〔八四〕見新唐志。作宗諫注，十卷。

〔八五〕亦見新唐志。二十五卷。

〔八六〕「目」下脱「録」字。

〔八七〕本之兩唐志。隋志作四百八十卷。又史通作六百二十卷。

〔八八〕按史通六家曰：「至梁武帝，又敕其群臣，上自太初，下終齊室，譔成通史六百二十卷。其書自秦以上，皆以史記爲本，而别採他説，以廣異聞；至兩漢已還，則全録當時紀傳，而上下通達，臭味相依；又吴、蜀二主皆入世家，五胡及拓拔氏列於夷狄傳。大抵其體皆如史記，其所爲異者，唯無表而已。」則此書非全用編年法明矣。高氏甚失考。

〔八九〕見新、舊唐志。

〔九〇〕亦見新、舊唐志。

〔九一〕北史序傳作吴越春秋，此非。

〔九二〕「元」字原闕，據北史序傳補。

〔九三〕本之通志略。亦見新唐志。

〔九四〕本之通志略。

〔九五〕隋志作八卷，又不詳譔人姓名。新唐志、通志略作一百二十卷。崇文總目作一百十卷。史略前之目録未有著百卷者。其下文多據新唐志，恐卷帙脱「二十」兩字。

〔九六〕據新唐志。

〔九七〕此同新唐志。通志略作令史。

〔九八〕見通志略。

〔九九〕亦見通志略。

〔一〇〇〕通志略作三卷，非。

〔一〇一〕「會要」二字本誤倒，徑正。

〔一〇二〕以上計引書二百二十八家。與緯略卷十二所言「通鑑採正史之外，其用雜史諸書，凡二百二十二家」微異。

〔一〇三〕「揚」原誤作「楊」，據尚書盤庚改。

〔一〇四〕商芸，即殷芸。避宋太祖父弘殷諱而改。

〔一〇五〕「用」本誤作「周」，據日藏本改。

〔一〇六〕以上除「今人」至「二百二十餘家」七十八字外，全取容齋四筆册府元龜之文。疑高氏通鑑參據書一節，亦恐訪之於洪邁，非出於其胸臆也。

史略卷五

霸史

霸史一 十六國春秋略、三十國春秋及春秋鈔、戰國春秋附「春秋彙」，其外瑣陋者二十餘家不録。

華陽國志。十二卷〔一〕。晉常璩志巴、漢風俗，公孫以後據蜀事〔二〕。

漢之書。十卷。常璩譔〔三〕。

蜀李書。十卷〔四〕。

漢趙書。十卷。和苞譔〔五〕。

趙書。二十卷。僞燕長史田融載石勒事〔六〕。

燕書。二十卷。僞燕尚書范亨記慕容儁事〔七〕。

南燕録。五卷。范亨譔〔八〕，記慕容德事。

南燕録。六卷。僞燕中書郎王景暉譔〔九〕。

秦書。裴景仁載苻朗過江事，隋志、唐志皆無之，見劉孝標注世説〔一〇〕。

秦書。三卷。何仲熙譔，記苻健事〔一一〕。

苻朝記。一卷，田融譔〔一二〕。

秦記。十一卷。宋殿中將軍裴景仁譔〔一三〕。

秦記。十卷。魏尚書姚和都記姚萇事〔一四〕。

涼記。八卷。僞燕僕射張諮記張軌事〔一五〕。

涼書。十卷。僞涼中郎劉昞記張軌事〔一六〕。

涼記。十卷。僞涼著作佐郎段龜龍記吕光事〔一七〕。

涼書。十卷。高道遜譔〔一八〕。

涼書。十卷。沮渠國史〔一九〕。

托跋涼録。十卷〔二〇〕。

燉煌實録。十卷。劉昞譔〔二一〕。

吐谷渾記。二卷。宋新亭侯段國譔〔二二〕。

鄴洛記。十卷〔二三〕。

霸史二

吴越史。十卷〔二四〕。皇朝范坰、林禹譔。

吴録。二十卷。徐鉉記楊行密據淮南，迄楊溥〔二五〕。

淝上英雄小録。僞吴信都鎬記楊行密起廬州，入廣陵，將吏五十人〔二六〕。

江南録。十卷。徐鉉記江南李氏三主事〔二七〕。

江南别録。四卷。陳彭年譔〔二八〕。

江表志。三卷。鄭文寶譔〔二九〕。

江南野史。二十卷。龍衮譔〔三〇〕。

吴唐拾遺録。十卷。許氏譔〔三一〕。

南唐近事。二卷。鄭文寶譔〔三二〕。

前蜀紀事。二卷。僞蜀毛文錫記王建采僭號前事〔三三〕。

前蜀書。四十卷。僞蜀李昊譔，記王氏本末〔三四〕。

後蜀實録。八十卷。李昊記孟昶事〔三五〕。

蜀檮杌。十卷。張唐英譔〔三六〕。

三楚新録。三卷。皇朝周羽沖記湖南馬商、周行逢，荆南高季興事〔三七〕。

荆湘近事。十卷。陶岳譔〔三八〕。

閩中實録。十卷。蔣文懌記王氏據閩，盡留從效、李仁達事，惟不及陳洪進〔三九〕。

十國紀年。四十二卷。劉恕紀五代十國事〔四〇〕。

九國志。四十九卷。曾顔記五代事〔四一〕。

晉自永嘉之亂，皇綱失統，九州君長，據有中原，腥羶之風，薰浸河、洛。其間或奉正朔，或竊名位，人自爲國，螽聚棊分。國有其臣，各思記載，録其鼇疆樹長之自，詳其立事用人之經，亦足以待攷稽，知本末。後魏剗夷諸國，據有嵩、華，乃命崔浩博采舊聞，綴述國史，諸國所纂，盡集祕府。尒朱之亂，往往散亡〔四二〕。今録其可攷者〔四三〕。

雜史

越絶書。十六卷〔四四〕。子貢譔。或曰子胥舊有内紀八，外傳十七，今存二十篇。又載春申君，疑後人竄定，言二十篇者，非是〔四五〕。

春秋前傳。十卷。何承天譔〔四六〕。

春秋前傳雜語。十卷。何承天譔〔四七〕。

春秋後傳。三十一卷。晉著作郎樂資譔〔四八〕。

魯後春秋。二十卷。劉允濟譔〔四九〕。

吴越記。六卷〔五〇〕。

戰國策。三十二卷。劉向録〔五一〕。

戰國策。二十一卷。高誘注〔五二〕。

戰國策論。一卷。漢京兆尹延篤譔〔五三〕。

南越志。八卷。沈氏譔〔五四〕。

十二國史。四卷〔五五〕。

春秋時國語。十卷。孔衍譔〔五六〕。

春秋後國語。十卷。孔衍譔〔五七〕。

右古雜史

楚漢春秋。

九州春秋。並見「春秋彙」。

史漢要集〔五八〕。

漢末英雄記。十卷。王粲譔〔五九〕。

後漢雜事。十卷〔六〇〕。

後漢釋論。二十卷。王越客譔〔六一〕。

右兩漢

魏晉世論。十卷。晉襄陽令郭頒譔〔六二〕。

魏末傳。二卷〔六三〕。

吕布本事。一卷。毛范譔。

晉武平吴記。二卷。周世宗將張昭譔〔六四〕。

右魏晉

宋中興事。二卷〔六五〕。

宋拾遺。十卷。梁少府卿謝綽撰〔六六〕。

王霸記。三卷。潘傑撰〔六七〕。

宋齊語録。十卷。孔思尚撰〔六八〕。

五代新記。二卷。唐張詢古記梁、陳、北齊、周、隋事〔六九〕。

金陵樞要。一卷。汪豹記六朝事〔七〇〕。

齊梁事迹。一卷〔七一〕。

淮海志。四卷。蕭世怡叙梁侯景之亂〔七二〕。

右南北朝

隋開業平陳記。十二卷。裴矩撰〔七三〕。

隋平陳記。一卷。稱臣悦撰，亡其姓〔七四〕。

大業拾遺。一卷。唐杜寶撰〔七五〕。

大業略記。三卷。唐趙毅譔〔七六〕。

大業拾遺録。一卷。記煬帝幸江都〔七七〕。

大業雜記。十卷。杜寶譔〔七八〕。

隋季革命記。五卷。唐杜儒童記大業之亂〔七九〕。

劉氏行年記。十卷。唐劉仁軌記大業至武德河洛寇攘事〔八〇〕。

朝野僉載。二十卷。唐張鷟記周、隋以來事迹〔八一〕。

右隋

唐創業起居注。三卷。温大雅記高祖起義至禪位〔八二〕。

唐聖述。一卷。裴炬之譔〔八三〕。

今上王業記。六卷。温大雅譔〔八四〕。

太宗勳史。一卷，吴兢譔〔八五〕。

高宗實迹。一卷。裴炬之譔〔八六〕。

唐書備闕記。十卷。吴兢譔，起太宗至明皇〔八七〕。

明皇政録。十卷。李康譔〔八八〕。

明皇雜録。二卷。趙元一譔〔八九〕。

天寶西幸記。一卷，温畬譔〔九〇〕。

幸蜀記。一卷。宋巨譔〔九一〕。

開天傳信記。一卷。鄭棨譔。記開元、天寶事於傳聞〔九二〕。

開元天寶遺事。六卷。王仁裕譔。

河洛春秋。二卷。唐包諝譔。起禄山叛，訖史朝義敗〔九三〕。

天寶記。十卷〔九四〕。

禄山事迹。二卷。唐華陰尉姚汝能譔〔九五〕。

邠志。一卷。凌準記天寶之亂，邠府從事〔九六〕。

大唐新語。十三卷。唐劉肅譔，起武德，訖大曆〔九七〕。

奉天記。一卷。唐徐岱譔〔九八〕。

幸奉天録。一卷。唐崔光庭譔〔九九〕。

奉天録。四卷。唐趙元一譔〔一〇〇〕。

建中西狩録。十卷。張讀撰〔一〇一〕。

文宗朝備問。一卷〔一〇二〕。

國史補。三卷。唐李肇記開元至長慶事〔一〇三〕。

補國史。六卷。唐林思撰〔一〇四〕。

逸史。三卷。大中時人所作〔一〇五〕。

闕史。三卷。唐祚彦休記大曆以後至乾符事〔一〇六〕。

封氏見聞記。五卷。唐封演撰〔一〇七〕。

唐末見聞録。八卷。紀僖、昭兩朝事〔一〇八〕。

燕南記。三卷。唐谷況撰〔一〇九〕。

平蔡録。一卷。唐鄭澥記李愬平吴元濟〔一一〇〕。

平淮西記。一卷。唐路隋記吴元濟始末〔一一一〕。

河南記。一卷。薛圖存記元和中平李師道事〔一一二〕。

太和辨謗録。三卷。李德裕撰〔一一三〕。

太和記。一卷。甘露事，誅鄭注等，作十八傳〔一一四〕。

乙卯記。李潛用記太和乙卯李訓等甘露事〔一一五〕。

甘露記。二卷〔一一六〕。

開成紀事。三卷。記大和甘露事〔一一七〕。

開成承詔録。二卷。李石記文宗朝鄭覃等奏對〔一一八〕。

文武兩朝獻替記。三卷。李德裕譔〔一一九〕。

柳氏舊聞。一卷。李德裕譔〔一二〇〕。

唐録備闕。十五卷。僞蜀歐陽炳記武宗、僖宗中和初事〔一二一〕。

上黨紀叛。一卷〔一二二〕。

會昌伐叛記。一卷。記李德裕相武宗，破回鶻，平劉楨〔一二三〕。

壺關録。三卷。韓昱述安史之亂，李密、王世充事〔一二四〕。

正陵遺事。二卷。唐令狐澄譔〔一二五〕。

續正陵遺事。二卷。唐柳玭譔〔一二六〕。

平剡録。一卷。唐鄭言記太和末擒越盜裘甫，平劉〔一二七〕。

太和野史。十卷。沙仲穆譔〔一二八〕。

東觀奏記。三卷。唐裴廷裕記宣、懿、僖宗事〔一二九〕。

彭門紀亂。三卷。唐鄭樵撰，記懿宗朝徐州龐勛叛〔一三〇〕。

咸通解圍録。一卷。張雲記咸通中雲南蠻寇成都〔一三一〕。

南楚新聞。三卷。唐尉遲樞記寶曆至天祐時事〔一三二〕。

廣陵志。三卷。唐郭廷誨記高駢鎮廣陵之亂〔一三三〕。

中朝故事。三卷。僞唐尉遲氏記宣、懿、昭宗事〔一三四〕。

唐補記。三卷。唐程柔記宣、懿、僖宗事〔一三五〕。

雲南事狀。一卷。記唐末群臣奏議招輯雲南蠻事〔一三六〕。

金鑾密記。一卷。唐韓偓記昭宗幸華州，太祖以兵圍華事〔一三七〕。

會稽録。一卷。記唐末越州董昌叛事〔一三八〕。

右唐

汴水滔天録。一卷。五代王振記梁太祖事〔一三九〕。

汴州記。一卷。記梁太祖鎮汴州事〔一四〇〕。

梁太祖遺録。三十卷。梁恭翔撰〔一四一〕。

莊宗召禍記。一卷。後漢黄彬撰〔一四二〕。

晉朝陷蕃記。四卷。皇朝范質等撰〔一四三〕。

陷蕃記。四卷。范質撰〔一四四〕。

陷虜記。三卷。周胡嶠撰。嶠陷虜，歸記其事〔一四五〕。

征淮録。一卷。劉仁瞻事〔一四六〕。

入洛私書。十卷。周江文秉記同光至顯德事〔一四七〕。

後史補。三卷。周高若拙記唐及五代事〔一四八〕。

備史。六卷。賈緯記晉末之亂〔一四九〕。

王氏聞見集。三卷。晉王仁裕記前蜀事〔一五〇〕。

皮氏聞見録。十卷。皮光業記唐乾符至五代事〔一五一〕。

右五代

太史公書所以爲助者，左氏、國語、世本、戰國策、陸賈新語、楚漢春秋而已。至班固因太史公，范曄依謝承、司馬彪諸史，豈不易哉其爲功也！

靈、獻以來，天下大亂，史官失守，天下之士，老於筆削，雋於辭翰者，往往各因聞見，見諸纂修，代不乏才，争自聘鶩，作者之衆蓋如此歟！司馬公資治通鑑，凡雜史入于整彙裁正者，凡二百二十餘家，其亦有補於史氏明矣。故並存之，甚瑣陋者不録。

七略中古書

劉向著七略別録二十卷〔一五二〕。蓋向爲光禄大夫，成帝詔校經傳、諸子、詩賦所作。時步兵校尉任宏校兵書，太史令尹咸校數術，侍醫李柱國校方技。每一書已，向輒條其篇目，撮其指意，録而奏之。向卒，哀帝命向子侍中、奉車都尉歆卒父業。歆於是總群書而奏其七略：有六藝略，有諸子略，有詩賦略，有兵書略，有術數略，有方技略。今删其要，以備篇籍〔一五三〕。而向所撮指要，歆復遺之。王儉作七志，阮孝緒作七録，蓋本諸此。

大凡七略書五百九十三家〔一五四〕，而古之奇書爲絶少。今録三代以前書，不及一二十種〔一五五〕。春秋以來至秦，諸子雜書百餘家，不必録。有以古書爲名，而師古諸人以爲後人所作，或曰「以後世語」，或曰「其言俗薄」者，亦不録。是知秦火之厄酷矣！所謂不必録者，入隋經籍、唐藝文，則又無此書矣，惜哉！

太古以來年紀　黃帝歷

黃帝四經　黃帝銘

孔甲盤盂　風后

蚩尤　力牧

顓頊歷　夏殷周魯歷

伊尹　太公

辛甲　史籀宣帝時。

尹佚成康時。

東漢以來書考

班固作漢書，依向、歆七略，爲藝文志。而范曄史後漢，則無此志，非闕歟？自爾諸史，惟隋史志經籍，唐史志藝文，然經籍之盛，盛於隋，極矣！作東漢以後藝文考。

東漢

東漢藏書在石室、蘭臺，在東觀，在仁壽閣，班固、傅毅之流掌焉。董卓之亂，獻帝西遷，所收圖書猶七十餘載。兩京亂，掃地而盡。

魏

魏采掇漢散亡之書，藏在祕書，中外三閣。鄭默初作中經〔一五六〕。

晉

晉既蒐聚典籍，荀勗因魏中經，制新簿，摠章群書，釐爲四部。甲部録六藝、小學，乙部録子、兵、術數，景部録史記、舊事〔一五七〕，丁部録詩賦、圖讚，凡三萬〔一五八〕。惠、懷之亂，京華蕩覆，書閣之皮，爲之一空。東晉初，漸加收拾。李充校以勗舊簿，僅存三千卷，亦以甲乙類次。

宋

中朝遺書，既歸江左。元嘉中，謝靈運造四部目録，六萬四千餘卷〔一五九〕。元徽中，王儉作四部書目。又作七志，一經典，二子〔一六〇〕，三文翰，四軍書，五陰陽，六術藝，七圖譜，而道、佛附之。書名之下，每立一傳，又有條例，載于篇首。

齊

永明中，祕書監謝朏、丞王亮造四部書目，書萬有八千卷。齊末，祕閣火，書亡。

梁

梁初，任昉親加彙正，聚書文德殿，卷二萬三千，釋書不録。又祕書監任昉、殷鈞制四部目録，數術别爲一部，是爲五部。劉遵又作東宫四部目録，劉孝標作文德殿四部目録。普通中，處士阮孝緒采宋、齊以來王公家所藏，校官簿爲七録。一曰經典，二曰記傳，三曰子兵，四曰文集，五曰技術，六曰佛，七曰道。其於剖析，殊爲不經。元帝克平侯景，收文德殿書歸江陵，凡七萬餘卷。周師入郢，咸自焚之。

陳

陳天嘉中，鳩集攷其篇録，尚多遺闕。中原戰争，日親干戈，文教之盛，苻、姚而已〔一六一〕。然猶有壽安殿四部目、德教殿四部目，又有承香殿五經史記目，亦留神於此者矣。宋武入關〔一六二〕，收其圖籍，僅四千卷。

後魏

後魏始都燕、代，南略中原，粗收書史〔一六三〕，未能該備。孝文都洛，借書於齊，稍稍加録。爾朱之亂，又復散落。史中有魏闕書目一卷。

後齊

後齊都鄴，頗更搜聚，迄天統、武平間〔一六四〕，校寫不輟。

千卷。

後周

後周始基關右，書止八千卷，後增至萬卷。周武平齊，先封書府，所加舊本，纔五千卷。

隋

隋開皇三年，牛弘表請使求書，一卷賞絹一疋〔一六五〕，校寫既畢，即還本書〔一六六〕。陳平，經籍漸備於祕書，續補殘闕，爲正副二本，内外閣凡三萬餘卷。煬帝再録，分三品。上者軸頭紅琉璃，中者紺琉璃，下者漆軸，聚於東都觀文殿東西廂。東藏甲乙，西藏丙丁，又藏魏以來古迹名畫。於殿後起二臺，東曰妙楷臺，以藏法書；西曰寶蹟臺〔一六七〕，以藏名畫。有四部目二，其一開皇四年，其一八年所録。又有大業正御書目〔一六八〕。

唐

隋嘉則殿書三十七萬卷。武德初有書八萬卷，重複相揉。王世充平，得隋舊書八萬卷，太府卿宋遵監運東都〔一六九〕，浮舟泝河，西致京師。經砥柱，覆舟〔一七〇〕，書盡沉亡。正觀中，魏徵、虞世南、顔師古繼於祕書監，購天下書，選五品以上子孫工書者爲書手，繕寫藏於内庫，以宫人掌之。玄宗命昭文館學士馬懷素爲修圖書使，與崇文館學士褚無量整比。會幸東都，乃就乾元殿東序檢校。無量建議御書以宰相宋璟、蘇頲同署，如貞觀故事。又借民間異本傳録。及還京師，遷書東宮麗正殿〔一七一〕，修書院。其後光順門外、東都明福門外，皆創集賢書院，通籍出入。既而太府月給蜀郡麻紙五千番，季給上谷墨三百三十六丸，歲給河間、景城、清河、博平兔千五百皮爲筆材。兩都各聚書四部，以甲乙丙丁爲次，列經史子集爲四庫。其本有正有副，帶帙籤，皆異色以別之。禄山之亂，尺簡不藏。元載奏以千錢購書一卷，又命苗發等使江淮括訪。文宗時鄭覃建言，又詔搜採，於是復全。黄巢之亂，存者又少。昭宗播遷，京城孫惟晟歛書本軍〔一七二〕，寓教坊於祕閣。有詔還其書，命韋昌範等諸道求購，及徙洛陽，蕩然無遺矣〔一七三〕。

本朝

本朝承五季後，書皆蕩焚。太宗垂意收聚，祕閣崇文所儲，不及唐之盛，蓋古書益少矣。太平興國中，詔編太平御覽，引用僅一千六百九十種，而雜書古詩賦不與焉。大中祥符中，姚鉉集唐文粹序云：「今代墳藉，略無亡逸。」攷鉉所集，亦自無幾。王文康公初相周世宗，家多唐舊書〔一七四〕。李文正公所藏亦富，至闢學館，給廩餼，以延學者〔一七五〕。宋宣獻兼得畢文簡、楊文莊二家書〔一七六〕，有祕府不及者。元符中，一夕燼于火。晁以道家所藏凡五世，雖不及宋氏，而校讎是正〔一七七〕，最爲精確，邯鄲李氏所藏亦然〔一七八〕，政和甲午，亦火。劉壯輿家廬山之陽，自其祖凝之以來，圖書亦多，有藏書記，今亦不存。濮安懿王之子榮王宗綽，聚書七萬卷。宣和中，其子曾進書目。自龍圖閣、太清樓、玉宸殿、宣和殿，以及崇文三館所儲，盡歸於燕，幸僅存耳〔一七九〕。

歷代史官目〔一八〇〕

史記、班漢已來，秉史筆者，盡知其人矣：

東漢有若陳宗、尹敏、伏無忌、邊韶、崔寔、馬日磾、蔡邕、盧植、司馬彪、華嶠、范曄、袁宏〔一八一〕。

國志有若衛顗、繆襲、應璩、王沈、傅玄〔一八二〕、韋曜、薛瑩、華覈、陳壽。

晉洛京史有若陸機、束晳、王詮、詮子隱。

晉史有若鄧粲、孫盛、王韶之、檀道鸞、何法盛、臧榮緒。

宋史有若何承天、裴松之、蘇寶生、沈約、裴子野。

齊史有若周興嗣、鮑行卿、何之元、劉璠。

陳史有若顧野王、傅縡、陸瓊、姚察、察子思廉。

十六國史有若崔鴻。

魏史有若鄧淵、崔浩、浩弟覽、高允、張偉、劉模、李彪、邢巒、温子昇、魏收。

北齊史有若祖孝徵、陸元規、陽休之、杜臺卿、崔子發、李德林、林子百藥。

後周史有若柳虬、牛弘、令狐德棻、岑文本。

隋書有若王邵、王胄、顔師古、孔穎達、于志寧、李延壽。

唐書有若温大雅、魏鄭公、房梁公、長孫趙公、許敬宗、劉胤之、楊仁卿、顧胤、牛鳳，及劉子玄、朱敬則、徐堅、吴兢〔一八三〕。

劉勰論史

昔者夫子愍王道之闕〔一八四〕，傷斯文之墜，静居以歎鳳，臨衢而泣麟。於是就太師以正雅頌，因魯史以修春秋，舉得失以表黜陟，徵存亡以標勸戒。然叡旨幽祕〔一八五〕，經文婉約。丘明同耻〔一八六〕，實得微言，乃原始要終，創爲傳體。傳者，轉也。轉授經旨，以授於後。實聖文之羽翮，記籍之冠冕也。

及至縱横之世，史職猶存。秦并七王，而戰國有策，蓋録而不序，故即簡爲名也。漢滅嬴、項，武功積年，陸賈稽古，作楚漢春秋。爰及史談〔一八七〕，世惟執簡。子長繼志，甄序帝績〔一八八〕。比堯稱典，則位雜中賢；法孔題經，則文非元聖。故取式吕覽，通號曰紀。紀綱之號，亦宏稱也。故本紀以述皇王，列傳以摠侯伯，八書以鋪政體，十表以譜年爵，雖殊古式，而得事序焉。爾其實録，無隱之旨，博雅弘辯之才，愛奇反經之尤，條例踳落之失，叔皮論之詳矣。及班固述漢，因循前業，觀史遷之辭〔一八九〕，思實過半。其十志該富，讚序弘麗，儒雅彬彬，信有遺味。至於宗經規聖之典〔一九〇〕，端緒豐贍之功，遺親攘善之罪〔一九一〕，徵賄鬻筆之愆，公理辯之究矣〔一九二〕。

至于後漢紀傳，發源東觀，袁、張所制，偏駁不倫；薛、謝之作，疏謬少信；若司馬彪之詳實，華嶠之准當，則其冠也。及魏代三雄，記傳並出〔一九三〕。陽秋、魏略之屬，江表、吴録之類，或激抗難徵，或疏闊寡要。惟陳壽三志，文質辯洽，荀、張比之於遷、固，非妄譽也〔一九四〕。

至於晉代之書，繁乎著作。陸機肇始而未備，王韶續末而不終；干寶述紀，以審正明序〔一九五〕；孫盛陽秋，以約舉爲能。案春秋經傳，舉例發凡，自史、漢以下，莫不準約〔一九六〕。至鄧粲晉紀，始立條例，又擺落漢、魏，憲章殷、周，雖湘川曲學，亦有心放典謨〔一九七〕。及安國立例，乃鄧氏之規焉。

又曰傳紀爲式，編年綴事，文非泛論，按實而書，歲遠則同異難密，事積則起訖易疎，斯固總合之爲難也〔一九八〕。或有同歸一事，而數人分功，兩紀則失於複重，偏舉則漏於不周，此又銓配之未易也。故張衡摘史、班之舛濫，傅玄譏後漢之尤煩，皆此類也。

若夫追述遠代，代遠多僞。公羊高云「傳聞異詞」〔一九九〕，荀悦稱「録遠略近」〔二〇〇〕，蓋文疑則闕，貴信史也。然俗皆愛奇，莫顧理實〔二〇一〕。傳聞而欲偉其事，録遠而欲詳其迹，於是棄同即異，穿鑿傍説，舊史所無，我書則傳，此訛濫之本源，而述遠之巨蠹也。至於記編同時，時同多詭，雖定、哀微詞，而世情利害。勳榮之家，雖庸夫而盡飾；屯貶之士〔二〇二〕，雖令德而嗤埋〔二〇三〕，吹霜照露〔二〇四〕，寒暑筆端，此又同時之枉論〔二〇五〕，可爲歎息者也。故述遠則誣矯如彼，略近則回邪如此〔二〇六〕，析理居正，唯懿士心乎〔二〇七〕！

校　箋

〔一〕舊唐志作三卷，當脱「十」字。新唐志即作十三卷。此從隋志，甚是。

〔二〕據通志略注而寫。公孫，公孫述也，王莽末稱帝於蜀。

〔三〕此從隋志。亦見新唐志。王氏曰：「守敬按：『之』字疑誤。然隋志已如此，據史通則『之』字衍。」

〔四〕王氏曰：「守敬按：顏氏家訓曰：『蜀李書一名漢之書。』史通正史篇曰：『蜀初號曰成，後改稱漢。李勢散騎常侍常璩撰漢書十卷。後入晉秘閣，改爲蜀李書。』據此則二名本一書。新唐有蜀李書九卷，又有漢之書十卷，誤甚。此書亦沿之。」

〔五〕此從隋志。然隋志「書」作「記」，史通亦然，此乃涉上蜀李書之「書」而誤。新唐志作「紀」，又作十四卷，恐非。

〔六〕隋志作十卷，「長史」上有「太傅」二字，此引脱。又注曰：「一曰二石集。」按新、舊唐志均作二十卷。然書名一均作趙石記，與史通作趙記者相合；又一均作二石記，與隋志注亦合。則此二者本爲一書，唐志列爲二，誤甚。

〔七〕本之隋志。亦見兩唐志。

〔八〕隋志、舊唐志均作張詮撰，而新唐志、通志略作張銓。未詳孰是。此作范亨，非。

〔九〕此本隋志，亦記慕容德事。舊唐志作王景暉，非。

〔一〇〕「裴」原誤作「斐」，「苻」誤作「符」，「朗」因避諱作「朗」，徑改。又王氏曰：「守敬按：此即後十一卷之秦記也。世説注誤『記』爲『書』，遂疑爲别一書，而稱隋、唐志不載，誤矣。」

〔一一〕此從隋志，然「三卷」係「八卷」之誤。

〔一二〕此本新唐志，「記」上脱「雜」字。

〔一三〕此從隋志，亦見兩唐志。

〔一四〕此從隋志。

〔一五〕此從隋志。新、舊唐志作十卷。

〔一六〕王氏曰：「按稿本作『僞凉中郎昞』，楊云隋志作『劉景』，唐志作『劉昞』，此脱『劉』字無疑。『景』、『昞』通用。」

〔一七〕此從隋志。新唐志亦同。

〔一八〕王氏曰：「守敬按：隋志高道讓撰，此避諱改。」

〔一九〕此從隋志。

〔二〇〕此從隋志。亦見兩唐志。

〔二一〕此從隋志,「昞」原作「景」,避李淵父李昞諱改。新唐志作二十卷。

〔二二〕此從隋志。

〔二三〕小注原脱,據日藏本補。新、舊唐志作鄴洛鼎峙記十卷,脱撰人姓名。王氏曰:「太平御覽宗親部引亦有『鼎峙』二字。」

〔二四〕王氏曰:「守敬按:崇文十五卷;解題云本十五卷,存九卷;通考同此十卷,恐誤,或脱五字。」按通志略作吴越備史十五卷,崇文總目亦同。高引有脱誤。

〔二五〕此從通志略。

〔二六〕亦從通志略。脱「二卷」二字。崇文總目亦作二卷。

〔二七〕從通志略。崇文總目亦同。

〔二八〕亦從通志略。

〔二九〕同上。

〔三〇〕同上。

〔三一〕同上。

〔三二〕同上。

〔三三〕此從通志略，「采」係「未」之誤。

〔三四〕亦本通志略。「吴」係「昊」之誤。崇文總目亦作「李昊」。

〔三五〕本通志略。此書全名當作後蜀孟後主實録，又「是」亦係「昊」之誤。崇文總目同通志略。又後蜀孟先主實録三十卷，高氏脱引，疏甚。

〔三六〕本通志略。

〔三七〕本通志略。馬商即馬殷，避宋諱改。

〔三八〕王氏曰：「按稿本作一卷，楊云焦氏經籍志作十卷。」按通志略作十卷，高氏據之引，疏略致誤。

〔三九〕王氏曰：「稿本作『蔣文檡』，楊云陳氏書録解題作『蔣文憚』。」此亦從通志略，作「懌」。

〔四〇〕「四十二卷」，原作「四十三卷」，據日藏本改。按：王氏曰：「守敬按：宋史作四十二卷，焦志同。此『三』字必『二』字之誤。書録解題作四十卷。」通志略亦作四十二卷。

〔四一〕王氏曰：「守敬按：路振九國志亦四十九卷，此豈别一書歟？又曾顔有渤海行年記十卷。」按此亦從通志略。

〔四二〕據隋志「霸史」叙增致而成。其中「統」疑係「馭」之誤。

〔四三〕王氏曰：「按稿本作『可考之者』，楊云『之』字疑衍。」

〔四四〕王氏曰：「按稿本作十五卷，楊云諸家皆作十六卷，此必誤。」

〔四五〕本於通志略。崇文總目原釋文微異。

〔四六〕隋、唐三志皆然。

〔四七〕此同兩唐志。隋志作春秋前雜傳九卷。

〔四八〕此從隋志。兩唐志作三十卷。

〔四九〕同通志略。亦見舊唐志。

〔五〇〕三志皆同。

〔五一〕王氏曰：「按稿本作三十四卷，楊云諸家皆三十二卷，此必誤。」按通志略正作三十四卷，高氏從之。雖誤，亦當仍其舊。

〔五二〕此從隋志。兩唐志作三十二卷。

〔五三〕此從隋志。兩唐志亦同。

〔五四〕此從隋志。

〔五五〕同通志略。

〔五六〕此從新唐志。舊唐志無「時」字。

〔五七〕從新唐志。

〔五八〕隋志曰：「二卷。晉祠部郎王蔑撰。抄史記，入春秋者不録。」兩唐志亦作二卷。

〔五九〕隋志作八卷，注曰「梁有十卷」。舊唐志作王粲等撰，新唐志「末」作「書」，唯通志略與此皆同。

〔六〇〕與新、舊唐志同。

〔六一〕新、舊唐志「後漢」下有「文武」二字，此脱。

〔六二〕此從隋志，而「論」當作「語」。舊唐志亦作「語」，新唐志則作「説」。

〔六三〕此從隋志。

〔六四〕王氏曰：「按稿本作六卷，楊云此據書録解題改。」按此從通志略，誤「二」爲「六」。

〔六五〕隋志「中興」下有「伐逆」二字，通志略亦然，高氏恐脱引。

〔六六〕此同隋志。新、舊唐志「遺」下有「録」字。又王氏曰：「按稿本作『梁少卿』，楊云據隋志增。」按高氏轉引自通志略，原已脱「府」字，非其誤脱，乃沿鄭樵之訛而失考也。

〔六七〕此本通志略。亦見隋志。

〔六八〕此從通志略。亦見兩唐志。

〔六九〕亦本通志略。然通志略、崇文總目、新唐志「詢」皆作「絢」。而郡齋讀書志、文獻通考、宋史藝文志作「詢」。又點校本新唐志點作張絢古五代新記，非。

〔七〇〕王氏曰：「按稿本校作『王豹』，楊云據崇文總目改。」按此從通志略，「汪」亦作「王」，當據正。

〔七一〕通志略「齊梁」下有「相繼」二字，此引脱。

〔七二〕此從隋志。而「淮海」下脱「亂離」二字。新唐志、通志略亦作淮海亂離志。

〔七三〕見唐志。

〔七四〕見崇文總目，此從通志略。

〔七五〕此從通志略。崇文總目作十卷。

〔七六〕見通志略。兩唐志、崇文總目亦同。

〔七七〕「業」，原作「略」，據通志略改。又崇文總目無「録」字，作顔師古撰。繹按：「通志略作拾遺録，不著撰人。讀書志作南部烟花録云，一名大業拾遺記。」或即此書。

〔七八〕見新唐志及通志略。

〔七九〕此從通志略。亦見新唐志及崇文總目。

〔八〇〕亦從通志略。又見新唐志及崇文總目。

〔八一〕亦從通志略。又見新唐志。

〔八二〕此從通志略。兩唐志「唐」上均有「大」字。

〔八三〕此從通志略。

〔八四〕見新唐志、通志略。

〔八五〕同新唐志。

〔八六〕通志略「高宗」下有「承祚」二字。

〔八七〕此從通志略。亦見崇文總目。

〔八八〕此從新唐志。

〔八九〕王氏曰：「守敬按：唐志有鄭處誨明皇雜録二卷，未知與此是一書否？又崇文總目作『趙元』，又脱『一』字。」按：通志略作鄭處晦撰。

〔九〇〕新唐志、崇文總目、通志略「天寶」下均有「亂離」二字。又，「温畬」，新唐書藝文志作「温畬」，未知孰是。

〔九一〕見新唐志。崇文總目作宋巨周撰，通志略同唐志。

〔九二〕此從通志略。亦見新唐志及崇文總目。

〔九三〕「敗」，原作「叛」，據通志略改。此書已見載於卷三「歷代春秋」，「諝」作「胥」。

〔九四〕通志略作天寶艱難記，失撰人姓名。

〔九五〕王氏曰：「按稿本校作三卷，楊云據唐志改。」按通志略、崇文總目均作三卷，此「二」誤。

〔九六〕此本通志略。新唐志作一卷，崇文總目與通志略同。

〔九七〕此從通志略，亦見崇文總目和新唐志。

〔九八〕見新唐志。崇文總目、通志略亦同。

〔九九〕新唐志「幸」上有「德宗」二字，崇文總目、通志略亦然，此引不當者。

〔一〇〇〕新唐志等皆同。

〔一〇一〕此見新唐志，通志略亦然。

〔一〇二〕此從通志略。

〔一〇三〕此從通志略。亦見新唐志。

〔一〇四〕王氏曰：「守敬按：唐志有林恩補國史十卷。注僖宗時進士。未知即此書否？又按崇文作林恩撰，六卷。焦志作林慎思，當是臆改。」按通志略亦作林慎思。未詳孰是。

〔一〇五〕此從通志略。亦見崇文總目。

〔一〇六〕亦從通志略，「祚」係「高」之誤。亦見崇文總目。

〔一〇七〕新唐志作封氏聞見記。此同通志略。

〔一〇八〕此從通志略，本無「録」字，此衍。失撰人名氏。

〔一〇九〕此從新唐志。崇文總目、通志略亦同。

〔一一〇〕此從通志略。新唐志「平蔡」上有「涼國公」三字。

〔一一一〕從通志略。新唐志、崇文總目亦同。

〔一一二〕同上。

〔一一三〕王氏曰：「按稿本作『元和』，楊云按宋志及玉海引並作『大和』。」今按高氏本通志略，作「元和」，當復其舊。又崇文總目亦作「太和」，原釋曰：「憲宗時命傳師、楚等撰元和辨謗録十卷。太和中，德裕以其文繁，删爲三卷。」則此書本作元和録，鄭、高則從舊稱也。

〔一一四〕此從通志略，然「太和」下脱「摧兇」二字。新唐志亦有「摧兇」二字。

〔一一五〕從通志略。亦見新唐志。

〔一一六〕此從通志略。新唐志「甘露」上有「野史」二字。

〔一一七〕亦同通志略。新唐志作二卷。崇文總目則作三卷。

〔一一八〕從通志略。亦見新唐志及崇文總目。

〔一一九〕見新唐志。通志略亦同。

〔一二〇〕從新唐志。然「柳氏」上脱「次」字。通志略亦有「次」字。

〔一二一〕此本通志略。亦見崇文總目。

〔一二二〕從通志略。新唐志亦同。

〔一二三〕此本通志略，誤「禛」作「植」。亦見新唐志及崇文總目。

〔一二四〕按通志略注作「昱遭安史之亂，追述李密、王世充事」，高氏大失本義，謬甚。

〔一二五〕新唐志「正」作「貞」，此作「正」，避宋諱。通志略、崇文總目皆作「正陵」。下引同。

〔一二六〕新唐志、崇文總目、通志略均作一卷，此作二卷，誤。

〔一二七〕從通志略。「平劉」係「平剡」之誤，且下脱「縣」字。亦見新唐志、崇文總目。

〔一二八〕新唐志、通志略均作公沙仲穆撰，高氏脱引「公」字。

〔一二九〕「裕」、「事」二字原脱，據日藏本補。按：此本通志略，新唐志同。崇文總目作「裴庭裕」。

〔一三〇〕同通志略。亦見新唐志及崇文總目。

〔一三一〕同上。

〔一三二〕此從通志略。

〔一三三〕亦本通志略。而「志」上脱「妖亂」二字。新唐志、崇文總目皆作廣陵妖亂志。

〔一三四〕本通志略，亦尉遲樞撰。崇文總目同。

〔一三五〕「宗」上原有「三」字，日藏本無，按前東觀奏記小注亦無「三」字，可通，今删。按：此從通志略。王氏曰：「守敬按：南唐書、崇文總目、書録解題『程』字下，並有『匡』字，此或因避諱省。宋志作『程光榮』。」按宋志注曰：榮一作柔。蓋因避諱，改匡爲光。

〔一三六〕此本通志略。

〔一三七〕此從通志略。「太祖」上脱「梁」字。崇文總目亦同。新唐志作五卷。

〔一三八〕此從通志略。亦見崇文總目。新唐志書名首有「乾寧」二字。

〔一三九〕從通志略。亦見新唐志、崇文總目。

〔一四〇〕此從通志略。王氏曰：「守敬按：宋志王權撰。」

〔一四一〕此從通志略。亦見崇文總目。「恭翔」並作「敬翔」，此避宋太祖祖父趙敬諱而改。又「遺録」上脱「編」字。

〔一四二〕此從通志略。王氏曰：「守敬按：通考作『後唐』。」

〔一四三〕亦本通志略。

〔一四四〕王氏曰：「守敬按：此與上複，當删。」按高氏從通志略，上書乃范質與他人合撰，此乃范氏一人删定本。

〔一四五〕亦從通志略。又見崇文總目。

〔一四六〕原作「瞻」，日藏本作「贍」。按：新五代史劉仁贍傳云其字「守惠」，則作「贍」是。今據改。通志略「征淮」上有「周世宗」三字。又「劉仁贍」上有「記征」二字，此脱。

〔一四七〕本通志略。亦見崇文總目。

〔一四八〕同上。

〔一四九〕同上。

〔一五〇〕此本通志略。

〔一五一〕同上。按本「雜史」目，無論分類還是著録，皆依通志略，稍參之以隋、唐三志和崇文總目。

〔一五二〕向所著爲別録，非七略。此沿隋志、唐志之訛。

〔一五三〕以上見漢書藝文志序。

〔一五四〕漢書藝文志「五百九十三」作「五百九十六」。

〔一五五〕王氏曰：「守敬按：『一』字恐衍。」

〔一五六〕王氏曰：「按稿本作『鄭點』，楊云據隋志改。」

〔一五七〕景部，即丙部，舊避唐諱而改。

〔一五八〕按所載凡二萬九千九百四十五卷，此言「三萬」者，約數也。

〔一五九〕封氏聞見記作「四千五百八十二卷」，當是。高氏乃沿隋志之訛，於理不合。

〔一六〇〕疑「子」上脱「諸」字。

〔一六一〕「苻」原誤作「符」，逕改。後同。苻即指前秦苻堅。姚者，後秦姚萇也。

〔一六二〕宋武，劉裕也。

〔一六三〕疑「書」係「經」之誤。

〔一六四〕王氏曰：「稿本作『天統間武平』，楊云據隋志改。」

〔一六五〕疑「一卷」上脱「每書」二字。

〔一六六〕王氏曰：「按稿本作『即還書本』，楊云二字宜互倒。」

〔一六七〕「寶蹟臺」，原作「寶繪臺」，隋志作「寶臺」，皆誤，今據歷代名畫記改。

〔一六八〕據隋志序，當脱香厨四部目録。又此上皆本隋志序。

〔一六九〕據隋志、新唐志，「宋遵」下脱「貴」字。

〔一七〇〕疑「覆舟」係「舟覆」之誤。

〔一七一〕王氏曰：「按稿本作『東京』，楊云據唐志改。」

〔一七二〕「京城」下恐脱「制置使」三字。

〔一七三〕本節録自新唐志序。

〔一七四〕王文康公，王曙也。然其未嘗爲周世宗相，至宋仁宗時始拜中書門下平章事。雖喜著書，未嘗以藏書甚富而著稱於世。按宋史王溥傳，溥曾爲周相，後入宋，太祖以其舊相而寵異之。溥生平好學，聚書至萬餘卷，著唐會要、五代會要，皆傳於世。又程俱麟臺故事亦曰：「真宗咸平二年，時京師藏書之家，惟故相王溥家爲最多。」然王溥謚文獻，與此作文康異，似又非是。又按高氏此引本容齋隨筆，又周密齊東野語卷十二書籍之厄，亦作「王文康」。李慈銘曰：「後以同僖祖謚，改文康。」則是王溥無疑矣。

〔一七五〕「學」字原闕，據容齋續筆書籍之厄補。又李文正公，李昉也。

〔一七六〕宋宣獻者，即宋綬，「家藏書萬餘卷，親自校讎，博通經史百家，其筆札尤精妙」。至其子宋敏求，藏書達三萬卷。

〔一七七〕「是正」二字原闕，王氏曰：「按稿本作『而校讎是最爲精確』，楊云『是』字衍。」按此引亦本容齋續筆書籍之厄，「是」下有「正」字，則「是」字非衍，而實脱「正」字，故據以補。

〔一七八〕齊東野語書籍之厄曰：「邯鄲李淑，五十七類，二萬三千一百八十餘卷。」

〔一七九〕本節主要録自容齋續筆書籍之厄。其中「本朝」至「亦自無幾」，則本容齋五筆國初文籍。又榮王藏書及其子進書目事，則本容齋四筆榮王藏書。

〔一八〇〕正文此目原作「劉軻論太史公以來史筆姓氏」。今從本卷分目改。劉軻，唐大曆、開成間人，官至監察御史、洺州刺史等職，著有三傳指要、漢書右史、隋鑑等書。

〔一八一〕此以史書反映朝代劃分史家，非指史家生活時代，下同。

〔一八二〕王氏曰：「按稿本作『溥立茅曜』，楊云『溥立』當作『傅玄』，以形近譌。傅玄撰魏書，見本傳。」

〔一八三〕以上見劉軻與馬植書。

〔一八四〕愍，閔也。

〔一八五〕「祕」本或作「隱」。

〔一八六〕王氏曰：「守敬按：『耻』今本雕龍作『時』。」

〔一八七〕王氏曰：「守敬按：今本作『太史談』。」

〔一八八〕王氏曰：「守敬按：『續』今本作『勣』。」

〔一八九〕王氏曰：「守敬按：今本作『司馬遷之辭』。」

〔一九〇〕王氏曰：「守敬按：今本作『矩』。」

〔一九一〕王氏曰：「守敬按：『善』今本作『美』。」

〔一九二〕公理，後漢仲長統字。其著昌言，曾爲班固辨誣，惜文已佚，無從考信。

〔一九三〕王氏曰：「守敬按：『並』今本作『互』。」

〔一九四〕晉中書監荀勗、令張華以爲「班固、史遷不足方也」，事見華陽國志後賢志。

〔一九五〕王氏曰：「守敬按：『明』今作『得』。御覽作『明』。」

〔一九六〕王氏曰：「守敬按：『莫不』今本作『莫有』，誤。」又「約」今本作「的」。

〔一九七〕王氏曰：「守敬按：『放』字今本脱。」

〔一九八〕王氏曰：「守敬按：『合』今本作『會』。」

〔一九九〕見春秋公羊傳隱公元年，其文曰：「公子益師卒。何以不日？遠也。所見異辭，所聞異辭，所傳聞異辭。」亦見哀公十四年。

〔二〇〇〕荀子非相曰：「傳者久則論略，近則論詳。」王氏曰：「守敬按：『悅』今本作『況』。」即本於此。作「況」爲是。

〔二〇一〕王氏曰：「守敬按：『理實』今本作『實理』。」

〔二〇二〕王氏曰：「守敬按：『貶』今本作『敗』。」

〔二〇三〕王氏曰：「守敬按：『蚩埋』今作『常嗤』，下衍『理欲』二字，當據此訂正。」

〔二〇四〕「照」本或作「煦」。

〔二〇五〕王氏曰：「守敬按：『枉』下今本脱『論』字。」

〔二〇六〕「略」本或作「記」。

〔二〇七〕王氏曰：「守敬按：今本作『唯素心乎』，黄改『唯素臣乎』。」

史略卷六

山海經

山海經，二十三卷〔一〕，郭璞所注。又有山海圖贊二卷〔二〕，山海經音二卷〔三〕。又有山海經圖十卷，舒雅等所修也〔四〕。本朝人。

按越絶書，禹治水，巡行天下，所歷山川，命伯益記之，遂爲山海經。世或以其書爲荒異，然攷酈道元注水經，凡山川譎異之事，必以山海經爲據。郭璞之言曰：「古者，皇聖原化以極變，象物以應怪，鑒無稽賾〔五〕，曲盡幽情，神焉廋哉！神焉廋哉！」〔六〕此書歷載三千，暫顯於漢。蓋武帝時，有獻異方鳥，不知何以飼之。東方朔既言其名，又言其食。帝問何以知之，曰山海經所出也。又宣帝時，擊磻石於上郡，陷得石室，其中有反縛盜械之人。劉向曰：「此貳負之臣也〔七〕。」帝問何以知之，以山海經對。其辭曰：「貳負殺窫窳，帝乃梏之疏屬之山〔八〕，桎其右足，反縛其兩手。」上大駭。於是人多奇山海經〔九〕。其後東方朔作神異經，張華箋之〔一〇〕。華曰：「方朔周旋一作巡。天下，所見神異，山海所不載者列之，有而不具其説者列之。」謂山海經也。陶淵明有讀山海經詩〔一一〕：「汎覽周王傳〔一二〕，流觀山海圖，俛仰終宇宙，此樂復何如？〔一三〕」

世本

世本十五篇，古史官記黄帝以來訖春秋帝王公卿諸侯大夫譜系〔一四〕。太史公因之，以作史記者。是後世本凡三：其一曰世本，劉向所作者，二卷〔一五〕。其一亦曰世本，宋衷所作者，四卷〔一六〕。其一曰帝譜世本，宋均所作者，七卷〔一七〕。又有世本王侯大夫譜一卷〔一八〕，世本譜二卷，王氏注〔一九〕。

按世本叙歷代君臣世系，是書不復見，猶有傳者，劉向、宋衷、宋均三家而已。予閲諸經疏，惟春秋左氏傳疏所引世本者不一，因采掇彙次爲一書，題曰古世本。周益公在西府〔二〇〕，聞予有此，面借再三，因録本與之。益公一見曰：「天下奇書，學者雋功也。」予因曰：「劉孝標注世説，引摯氏世本，蓋叙摯氏世家。今人欲系譜諜，依摯氏法，名之曰『某氏世本』，殊爲古雅。」益公曰：「此説尤新奇。」

三蒼

三蒼者，蒼頡一篇，上七章，秦丞相李斯作；爰歷六章，車府令趙高作；博學七章，太史令胡母敬作。文字多取史籀篇，而篆體復頗異，所謂秦篆者也〔二二〕。按史籀十五篇，周宣王太史作大篆十五篇，與孔氏壁中古文亦異體，建武時亡矣〔二二〕。然是時已建隸書，宋景文公云：「『建』字當作『造』字。然『建』字政自奇。」〔二三〕起於官獄多事，苟趨省易，施之於徒隸也。漢興，書師合蒼頡、爰歷、博學三篇，斷六十字以爲一章，凡五十五章，并爲蒼頡篇。武帝時，司馬相如作凡將篇，無復字。師古曰：「復，重也。」元帝時，黄門令史史游作急就篇；成帝時，將作大匠李長作元尚篇，皆蒼頡中正字也。凡將則頗有出矣。元始中，徵天下通小學者以百數，各令記事於庭中〔二四〕。楊雄作訓纂篇，順續蒼頡，又易蒼頡中重復之字，凡八十九章。班固續楊雄作十三章，凡一百二章。蒼頡多古字，俗師失其讀。宣帝時，徵齊人能正讀者，張敞從受之，傳至外孫之子杜林，爲作訓故〔二五〕。此孟堅所謂通知古今文字者歟？惟唐李善好援引，間見於文選注。師古注漢書條例亦曰「旁究蒼、雅」，所用尚矣。

漢官

一

漢官不知何人作，應劭所注〔二六〕。舊五卷，今存其一。王隆有漢官解詁三卷，胡廣所注，隆字文山〔二七〕，漢新汲令。正訓舊漢官也。按後漢書百官志云：「周公作周官，分職著明，法度相持，王道雖微〔二八〕，猶能久存。所以觀周室牧民之德。王隆作小學漢官篇，諸文倜説，較略不究。」〔二九〕

胡廣云：「隆漢官篇，略道公卿内外之職，旁及四夷，博物條暢，多所發明，足以知舊制儀品。」〔三〇〕按應劭有漢官儀〔三一〕，又有漢官鹵簿圖，又有漢官儀注，又有漢官名秩〔三二〕。蔡質有漢官典儀〔三三〕，其言儀者，多涉故事，往往如衛宏漢舊儀者也。舊四卷，今有三卷。後漢書百官志注引漢官目録，亦爲奇書。其後丁孚有漢官儀式〔三四〕，荀攸有魏官儀〔三五〕，王珪之有齊職官儀〔三六〕，梁有職制儀注〔三七〕，視漢官簡繁殊不侔〔三八〕。唯郭演有古今百官注十卷，最爲嚴整〔三九〕。予以孟堅百官公卿表載漢官無統緒，嘗作漢官，殊有條理。

二

安帝時，越騎校尉劉千秋校書東觀，好事者樊長孫與書曰：「漢家禮儀，叔孫通所草創，皆隨律令在理官，藏於几閣，無記録者，久令二代之業，闇而不彰。誠宜撰次，依擬周禮，定位分職，各有條序。」劉君然其言，與邑子通人郎中張平子參議未定，而遷爲宗正、衛尉。至順帝時，平子爲侍中典校書，方作周官解説〔四〇〕，乃欲以次述漢事，莫能立〔四一〕。予所集漢官，正與長孫、平子之意合。

三

後漢書百官志注，引援皆古書、奇書，特爲精絶。

水經

水經三卷，漢中大夫桑欽譔〔四二〕。後魏酈道元注，爲四十卷〔四三〕。道元，范陽人，仕魏爲吏部尚書。是蓋李延壽父大師公所謂「南人謂北爲索虜，北人謂南爲島夷」者。其史於本國詳，他國略。初未嘗盡歷南地，而所載南事，特爲精確。而又續業閎闊，辭義峻拔，凡所援引，多前史所遺。魏收稱其歷覽奇書，是固有得於此乎？道元之言曰：「大傳曰：大川相間，小川相屬，東歸於海。脉其枝流之吐納，診其沿路之所纏〔四四〕，訪瀆搜渠，緝而綴之。經有謬誤者，考以附正；文所不載，非經水常流者，不在記注之限。」蓋水經粗綴津渚〔四五〕，而闕傍通，此尋圖訪賾，道元之所以爲功乎？

按唐藝文云：「桑欽，一作郭璞撰。」又鄭氏書略以爲郭璞注〔四六〕。然道元所箋，略不援引郭璞，則知爲桑欽書也。唐李吉甫有删水經十卷，是難乎删矣〔四七〕。晉僧道安有水記，記四海川水源〔四八〕。虞仲雍有江記、漢記〔四九〕，其援引攷訂，皆不可及此〔五〇〕。

竹書

穆天子傳一卷，周書十卷，古文瑣語四卷〔五一〕。

晉太康二年〔五二〕，汲郡民不准盜發魏襄王冢，得古竹簡書。帝命荀勗、和嶠撰次爲十五部，八十七卷，以爲中經，列在祕書，然雜以怪妄之説。其紀年專用夏正，載三代事而不及它國，但紀晉、魏間事，終之哀王，蓋魏之史記也。

按襄王即魏惠成王之子靈王也，世本以爲襄王。又按史記六國年表，自靈王二十一年，至秦始皇三十四年燔書之歲，八十六年。至太康二年初得此書，凡五百七十九年。杜預於左氏傳之末，嘗攷其不合於經傳者數事。劉知幾史通乃言汲冢紀年載春秋事，多與左氏同。又郭璞注山海經，以爲穆天子傳載穆王饗西王母于瑶池之上，與竹書同。璞又言「竹書不出，則山海經幾廢」。則知竹書所載怪妄者，必有合於山海經者。

初在隋目八十七卷，是猶皆存。至唐藝文志、吴兢西齋書目，僅十四卷耳。知幾又曰：「汲冢所得，尋即亡逸。」〔五三〕然則摯虞、束晳既嘗據引，荀顗又嘗參訂，杜預之所引用，干寶之所稽法，則是書不爲不古矣。不只是也，師古稱臣瓚所注漢書，喜用竹書。隋志有竹書同異一卷。按荀勗所考古尺，其簡長二尺四寸，以墨書，一簡四十字。時勗爲中書監，同第録者中書令和嶠、祕書主書令史〔五四〕、祕書校書中郎張宙、郎中傅瓚。瓚即師古注漢書所引「臣瓚」者也。時所書，用二尺黄紙。

穆天子傳一卷。竹書内書。李氏邯鄲書目云六卷，必是字誤〔五五〕。

按左氏傳，穆王欲肆其心，周行天下，將皆有車轍馬迹焉。此書所載，即其事也。穆王得盜驪、緑耳之乘，造父爲御，以觀四荒，西絶流沙〔五六〕，西登崑崙，與太史公記合。竹書所傳穆天子傳六卷，所歴怪奇，亦幾於山海經者，雖多殘闕，皆是古書。

周　書十一卷〔五七〕。竹書内書。

晉孔晁注。此書以爲孔子删采之餘，凡七十篇。今如馬揔意林例篇，摘一二語，可見其删書之餘者也。

度訓解。立中以補損，補損以知足。

命順解〔五八〕。權以知始，始以知終。

當順解〔五九〕。天有常性，人有常順。

文酌解。民生有欲，有惡，有哀〔六〇〕，有德，有則。

糴匡解〔六一〕。有道，故國用足。

武稱解。大國不失其威，敵國不失其權。

允文解。思静鎮勝〔六二〕，允文維紀。

大母解。武有六制：政、攻、侵、代、搏、戰〔六三〕。

大明武解。思嚴大武，曰維四方。

小明武解。必得地勢，以順天時。

大匡解。維周王宅程三年，遭天之大荒。注曰：程在岐州左右。

程典解。維三月，既生魄，文王合六國之諸侯〔六四〕，奉勤于商。

程寤、秦陰、九間〔六五〕、劉法、文開〔六六〕、保開、八繫〔六七〕，以上篇逸。

酆保。維二十三祀庚子朔，九州侯咸格于周。

大開。維王三月，既生魄，王在酆。

小開。維三十有五祀，王念曰：「余聞在昔日。」

文儆。維文王告夢，懼後嗣之無保，召太子發曰：「嗚呼〔六八〕！吾語汝所保所守，守之哉！」

柔武。維王元祀一月，既生魄，王召周公旦曰：「嗚呼！維在文考之緒功，維周禁五戎，五戎不禁，厥民乃淫。」

大武開。維王一祀十有二月，王在酆，聞密命，訪于周公旦，曰：「嗚呼！余夙夜維商，密不顯誰和，若歲之有秋。今余不獲其落，若何？」周公曰：「兹在德敬右周，其惟天命，王其敬命。」

小武開。維王二祀一月，既生魄，召周公旦曰：「嗚呼！余夙夜忌商，不知道極敬聽，以勤天下。」周公拜手稽首曰：「在昔文考，順明三極，躬是四察，循用五行，戒視七順，順道九紀。」

寶典解。維王二祀二月丙辰朔〔六九〕，王在鄗，召周公旦曰：嗚呼，敬哉！朕聞曰：「何修非躬，何擇非人？」又曰：「維子孫之謀，寶以爲常。」

酆講解。維王二祀，王在酆，講言告聞〔七〇〕。王召周公旦曰：「嗚呼！傷商其成辜，維日望見功謀言多信，今其如何？」

寤儆解。維四月朔，王告儆，召周公旦曰：「嗚呼！謀泄哉！今朕有商驚，予憂其深矣！」

武順解。天道尚右，日月西移；地道尚左，水道東流；人道尚中，耳目役心。」

武穆解。曰若稽古，曰昭天之道，熙帝之載，揆民之任。

和寤解。王乃出圖商，至于鮮原，召召公奭、畢公高，王曰：「嗚呼，敬之哉！無競維人，人惟允忠，惟事惟敬，小人難保。」

武寤解。王赫奮列，八方咸發。

克殷解。周革三百五十乘，陣于牧野。武王使師尚父、伯夫致師。王既戎車，武賁馳商師，商師大崩。

文匡解。惟十有三祀，王在管。管叔、蔡叔泉商之監，東隅之侯，咸受賜于王。

文政解。維十有三祀，在管。

大聚解。惟武王勝殷，撫圖綏民，乃觀於殷政。

世俘解。維四月有乙未，武王成辟四方，通殷命有國〔七一〕。

箕子、考德二篇。逸。

商誓。王若曰若，殷之舊官。

度邑。維王克商，邑君諸侯及厥民，兹日度邑。

我儆。維十有一祀，王告夢。

五權。維王不豫，于五日召周公旦。

成開解。成王九年，大開告用，用周公也。

作雒解。武王克殷，乃立王子禄父，俾守商紀。

皇門解。正月庚午，周公格于左閎門，會群門路寢。左門曰皇門，閎音皇。

大戒解。維正月，既生魄，王訪于周公。

周月。維一月，既南至。

時訓。紀時令。

謚法解〔七二〕。紀謚法。

明堂。明堂位。

嘗麥。禱于周廟〔七三〕，嘗麥於太祖。

本典。維四月既望，既生魄，王在東宫召周公旦。

官人。王曰：「嗚呼！大師。」

王會解。朝會。

祭公解。王若曰「祖祭公」，周公之後。

史記解。維正月，王在成周。昧爽，名三公、左史、戎夫。

職方氏解。掌天下之圖。

芮良夫解。芮伯若曰：「予小臣良夫，稽首謀告。」

太子晉解。晉平公使叔譽于周，見太子晉，而與之言。

玉珮解。王者所佩在德。

殷説解。湯將放桀居中野。

周祝解。攘哉民，心哉民，朕則生汝，朕則刑汝。

武經解。車甲之間，有巧言令色，事不捷。

銓法解。有三不遠，三不近，三不芒由。

器服解。作器服，周道大備。

校箋

〔一〕本之隋志，新唐志亦同。舊唐志作十八卷。按劉秀（歆）上山海經表曰：「所校山海經凡三十二篇，今定爲一十八篇，已定。」今本亦十八卷，則舊唐志是。隋志所言二十三卷，或係三十二之訛，亦未可知。

〔二〕見隋、唐志。

〔三〕「經」，原作「圖」，據隋志及兩唐志改。

〔四〕此本通志略。

〔五〕王氏曰：「守敬按：『稽』今本作『滯』。」

〔六〕此乃郭璞山海經序之文。

〔七〕王氏曰：「按稿本作『員』，楊云『員』今本作『負』。」黎照改。

〔八〕王氏曰：「守敬按：『蜀』今本作『屬』。」

〔九〕自「蓋武帝時」至此，録自劉秀（歆）上山海經表，略有删改。

〔一〇〕見隋志。

〔一一〕陶讀山海經詩，凡十三首，此乃其一。

〔一二〕「傳」本或作「典」。

〔一三〕「此」本或作「不」，「復」或作「將」。

〔一四〕本之漢書藝文志。

〔一五〕本之隋志。

〔一六〕同上。亦見新、舊唐志。

〔一七〕見兩唐志。

〔一八〕本之隋志。

〔一九〕本之新唐志。亦見舊唐志。

〔二〇〕周益公，周必大也，時封益國公。

〔二一〕本之漢書藝文志。

〔二二〕漢書藝文志作「亡六篇」，此恐脱。

〔二三〕按今本作「造」。

〔二四〕王氏曰：「守敬按：漢志『事』作『字』。」

〔二五〕以上皆本漢書藝文志。

〔二六〕「劭」原作「邵」，據後漢書改。

〔二七〕「文山」原作「丈山」，亦誤，據續漢書百官志注改。

〔二八〕王氏曰：「守敬按：『王道』後漢志作『王室』。」

〔二九〕後漢書當作續漢書，乃司馬彪所撰。

〔三〇〕見續漢書百官志注。

〔三一〕王氏曰：「按稿本校作『漢官注』，楊云據隋志改。」黎氏仍宋本之舊。按隋志首列應劭注漢官五卷，再著應劭漢官儀十卷，新唐志亦然。高氏下文所言漢官儀注，當即漢官注，於此作漢官儀，不誤。

〔三二〕按漢官鹵簿圖，諸志無載，然一見續漢志注，即輿服志上注云：「乘輿大駕，則御鳳皇車，以金根爲列。」再見宋書樂志，其文曰：「應劭漢鹵簿圖，唯有騎執箛。」高氏當據此而言。又王氏曰：「守敬按：漢官名秩無考。後書百官志執金吾注云：『漢官秩云比二千石。』當是此書。」今按續漢書禮儀志「葦戟、桃杖以賜公、卿、將軍、特侯、諸侯云」注引漢官名秩，長達九十七字。又漢書百官公卿表顔注引漢官名秩簿云：「斗食月奉十一斛，佐史月奉八斛也。」當亦同書異名。

〔三三〕隋志作漢官典職儀式選用二卷。此從新唐志，乃簡稱，時存一卷。

〔三四〕新唐志作漢官儀式選用，或省作漢儀。一卷。

〔三五〕王氏曰：「按稿本作『荀政』，楊云據隋、唐志改。」亦一卷。

〔三六〕此從新唐志，五十卷。隋志無「官」字。舊唐志亦無「官」字，作范曄撰，非。

〔三七〕王氏曰：「守敬按：隋志梁尚書職制儀注四十一卷。」高氏即本此。

〔三八〕王氏曰："按稿本作『簡穰』，楊云『穰』疑『繁』字之誤。"

〔三九〕王氏曰："按稿本作『郭璞』，楊云據隋志改。"今按隋志「古今」上尚有「職令」二字，兩唐志亦同。

〔四〇〕王氏曰："按稿本作『解况』，楊云據後漢志注改。"

〔四一〕以上見續漢書百官志注引胡廣之王隆漢官注。又注文「莫能」上本有「會復遷河間相」句，高氏删之，意遂不明。

〔四二〕隋志、舊唐志不著撰者，僅曰郭璞注。唯新唐志作「桑欽」，注曰："一作郭璞撰。"又隋志作二卷。

〔四三〕諸志皆同。

〔四四〕「纏」一本作「躔」。

〔四五〕王氏曰："按稿本作『緯綴』，楊云據道元原序改。"

〔四六〕「鄭氏書略」者，鄭樵通志略也。作者從新唐志作桑欽，又依隋志注「郭璞注」。

〔四七〕本之新唐志，亦見通志略。

〔四八〕隋志作四海百川水源記一卷，新唐志同，舊唐志無「源」字。高氏用略稱，而注中「川」上誤脱「百」字。

〔四九〕「虞仲雍」，日藏本作「雍仲雍」。按：隋志有江記五卷，漢水記五卷，皆庾仲雍所撰。新、舊唐志亦然。據此可見兩本皆誤，又「漢」下復脱「水」字。

〔五〇〕王氏曰：「守敬按：『可』字疑衍。」

〔五一〕古文瑣語四卷，有目無文。

〔五二〕隋志作「元年」，此從晉書束晳傳。其餘之文，皆本隋志。

〔五三〕同上段引俱出史通申左。

〔五四〕名已佚。

〔五五〕王氏曰：「守敬按：諸家目録皆六卷，所云邯鄲書目之『六卷』，必非『六』字。」

〔五六〕按穆天子傳序「西」作「北」。

〔五七〕按隋志、新唐志均作「十卷」，疑此「一」字衍。舊唐志作八卷。

〔五八〕王氏曰：「守敬按：『命順』今本作『命訓』。」又曰：「守敬按：今作『權以知微，微以知始，始以知終』。」

〔五九〕王氏曰：「守敬按：『當順』今作『常訓』。」

〔六〇〕王氏曰：「守敬按：今本『有哀』上有『有樂』二字。」

〔六一〕王氏曰：「守敬按：『匡』作『汪』，避諱。」

〔六二〕王氏曰：「守敬按：『鎮』今本作『振』。」

〔六三〕王氏曰：「守敬按：『六』今作『七』，『戰』下有『門』字。」

〔六四〕王氏曰：「守敬按：今本作『六州之侯』。」

〔六五〕王氏曰：「守敬按：今本作『九政』。」

〔六六〕王氏曰：「守敬按：今本作『九開』。此書多訛字，恐以今本爲是。九開今本在劉法前。」

〔六七〕王氏曰：「守敬按：今本作『繁』。」繫、繁形近易訛。

〔六八〕王氏曰：「守敬按：『曰嗚呼』以下，今本無。文儆篇下爲文傳篇，有『吾語汝我所保與我所守，傳之子孫』，此必傳寫者並二篇爲一，故誤至二。」

〔六九〕王氏曰：「守敬按：今本作『三祀』，誤。」

〔七〇〕「言」，原作「吉」，誤，據日藏本改。又，「酆講」，傳本逸周書作「酆謀」，孫詒讓周書斠補以爲「酆謀」、「酆講」皆係「酆諜」之誤。

〔七一〕王氏曰：「守敬按：世浮宜在文匡之前，然古本已如此。」

〔七二〕「謚」原誤作「謐」，逕改。

〔七三〕王氏曰：「守敬按：『周』今本作『宗』。」

附録

澀江全善、森立之跋

史略六卷，宋槧本，昌平學藏。

宋高似孫撰。首有寶慶元年自序。卷一述史記；卷二述兩漢書、三國志，至晉、宋、齊、梁、陳、後魏、北齊、後周、隋、唐、五代史；卷三述東觀漢紀〔一〕、歷代春秋、歷代紀、實録、起居注、唐左右螭坳書事、延英殿時政記、唐曆、會要、玉牒；卷四述史典、史表、史略、史鈔、史詳、史贊、史草、史例、史目、史通〔二〕、通鑑參據書；卷五述霸史、雜史、七略中古書〔三〕、東漢以來書攷、歷代史官目、劉勰論史；卷六述山海經、世本、三蒼、漢官、水經、竹書。每半板十行，行二十字。界長六寸六分，幅四寸六分。

按高氏又著子略四卷，四庫全書總目載之，而不言別有史略之著，蓋西土早已亡佚耳。此書文詞簡約，而引據精核，多載逸書，實爲讀史家不可闕之書矣。（出經籍訪古志，古逸叢書本史略將其附之書後。）

楊守敬跋

高似孫史略六卷，宋刊原本今存博物館〔四〕。此書世久失傳，此當爲海外孤本。首有蒹葭堂印、木氏永保印。按木世肅，大坂人，以藏書名者也。原本亦多誤字，今就其顯然者改之，其稍涉疑似者，仍存其舊。

按史家流别已詳於劉知幾史通，高氏此書未能出其範圍，况飣餖雜抄，詳略失當。其最謬者，如後漢書，既採宋書范蔚宗本傳，又採南史及蔚宗獄中與諸甥書，大同小異，一事三出，不恤其繁。又如既據新唐書録劉陟齊書十三卷，爲齊正史。又據隋志録劉陟齊紀十三卷，爲齊别史。既出范質晉朝陷蕃記四卷，又出范質陷蕃記四卷，而不知皆爲一書。其他書名之誤，人名之誤，與卷數之誤，不可勝紀。據其自序，成書於二十七日，宜其罅漏如斯之多也。

似孫以博奥名，其子略、緯略兩書，頗爲精核。此書則遠不逮之，久而湮滅，良有由然。唯似孫聞見終博，所載史家體例，亦略見於此篇。又時有逸聞，如所採東觀漢記，爲今四庫輯本所不載，此則可節取焉耳。光緒甲申春正月宜都楊守敬記。（載古逸叢書）

李慈銘讀史略記

閱高續古似孫。史略，共六卷，亦黎氏所刻，據日本宋槧翻雕，極精致。其自序言成書不及一月，故粗略殊甚，亦多複舛。惟舉江南謂南唐。古本史記一條云：刺客傳「劍堅故不可拔」，江南本作「劍豎」，劍堅安得不可拔？豎爲有旨。案此説甚是。古人佩劍皆在掖下脅旁，故有上士、中士、下士之長短異制，上、中、下士以身之長短言也。秦王身長則劍長，豎於掖下，故不可卒拔。左右告王負劍，謂舉劍負於背上，則易拔。近儒亦有此説。作豎字則情狀宛然，亦可攷見古人佩劍之制矣。又載東觀記中鄧禹傳序、吳漢傳序兩首，文甚完美，可補入四庫輯本，又可證東觀記以論爲序也。史通云：班固曰贊，荀悦曰論，東觀曰序，謝承曰詮，陳壽曰評，王隱曰議，何法盛曰述。光緒丙戌七月初四日。（録自越縵堂讀書記第四一六頁）

張壽鏞序

余讀高續古先生史略，既卒業，慨然於作述之難。有太史公司馬談，而無遷則談之志何以繼？有學士高炳如先生注史記，而無續古則學士之書將泯然矣。學士注史記，極意覃思，積功二十年，既絶筆，續古悉整以論。今考之寧波府縣及餘姚縣藝文志，均未采録，惟鄞縣藝文志經部有天官集注，子部又有天官書集注，蓋未知學士之注史記。既分載於經、子，而闕於史部，甚矣蒐訪之難也！續古著史略，爲時僅二十七日。後世以其成書之易，譏其罅漏之多。安知不由學士注史記時，一一搜輯於先，而續古成之之速者，藉此乎？然商榷千古，鈐括百家，於此可見一斑。而學士史記之注一百三十卷，因是以著，非特津逮後學，即向之邑志之誤傳者，亦得糾正焉。是書之存，其裨補豈淺鮮哉！抑讀其輯劉勰論史，有曰：「勛榮之家，雖庸夫而盡飾；屯眨之士，雖令德而蚩埋。」余小子私心惴惴，懼躬蹈之，故於鄉先生遺書，采訪尤遍於屯眨，則受續古先生之教也。因書以爲序。時民國二十一年二月後學張壽鏞。（載四明叢書）

張壽鏞跋

史略六卷，宋高似孫撰。古逸叢書依宋刊原本刊。原本存日本博物館，不知地震後尚存在否？高氏子略，清代四庫全書總目載之，而不言别有史略，賴日本文庫收藏而存。楊氏經籍訪古志既稱其文辭簡約，引據精核，多載逸書，實爲讀史家不可闕之書。而跋語又謂此書遠不逮子略、緯略，且云據其自序，成書於二十七日，宜多罅漏，然史家體例略見於此矣。〔五〕吾鄉博奥如高續古先生，著作如林，史略一書既得之於日本，更應廣爲流傳。爰取古逸叢書原刊，與百川學海所刊子略、騷略二書先梓之，俾學者有所津逮焉。民國二十年四月後學張壽鏞跋。（同上）

王重民輯史略校勘札記序

此文從觀海堂史略校抄本録出，即古逸叢書原稿本也。書前有「蒹葭堂」、「木氏永保」、「淺草文庫」三印，後有「昌平坂學問所」圖記（此圖記古逸叢書本脱去）。按經籍訪古志，附言近世藏書名者，前有佐伯毛利氏紅粟齋，浪華木世肅、孔恭蒹葭堂。又云木氏之書，早獻之昌平學。古文舊書考又謂：昌平學本一入淺草文庫，再散内閣千代田文庫，帝室博物館等。則是書由木氏、蒹葭堂、昌平學、淺草文庫、帝室博物館遞相珍藏。中土久逸，自刻入古逸叢書，始再入中國也。

鄰蘇老人年譜云：如玉燭寶典、正平論語、史略諸書，均有札記，皆輟不刻，至今尚存守敬篋中。蓋遭黎純齋之忌，故此札記未能附刻叢書之末也。先生跋是書云：原本亦多誤字，今就其顯然者改之，其稍涉疑似者，仍存其舊。余曾整理楊氏遺書，極迻録之，以饗學子，更於以睹宋刻之真也。民國十六年三月王重民謹記。（原載圖書館學季刊第二卷第四期）

鄞縣志高文虎附子似孫傳

子似孫字續古，書録解題。夙有俊聲，詞章敏贍。攻媿集。程大昌演繁露初成，文虎假觀。似孫年尚少，竊窺之。越日，程索問原書，似孫因出一帙，曰繁露詰，其間多大昌所未載，而辨證尤詳，大昌盛賞之。齊東野語。登淳熙十一年進士，寶慶志。爲會稽縣主簿，吏道通明。樓鑰除給事中，嘗舉以自代。攻媿集。後爲禮部郎，守處州。延祐志○案句餘土音注作禮部侍郎知處州。累官中大夫，提舉崇禧觀。似孫博雅好古，嵊縣志。晚家於越。延祐志○案鮚埼亭外集，晚年始遷姚江，而諸弟如衡孫等，仍居甬江。爲嵊令史安之作剡録，而文物掌故乃備。卒，贈通議大夫。似孫子歷，字堯象，爲温、婺等處通判，積階朝奉郎。嵊縣志。

注釋

〔一〕「紀」當作「記」，然舊史多混用。

〔二〕「史通」二字原誤倒，據史略卷四分目乙正。

〔三〕「中」下原有「書」字，據史略卷五分目删。

〔四〕謂日本東京帝室博物館。

〔五〕經籍訪古志乃日人澀江全善、森立之所著，張壽鏞疏於考辯，妄加評論，厚誣楊氏矣！

增訂後記

史略校箋一書是本人按照先師陳直先生的要求，在清倉與東漢歷史文獻相關資料之時，依據慣例從目録學入手做學術準備階段的一個副産品。儘管如此，此書對於秦漢史乃至宋朝及以前的古代歷史研究具有較高參考價值，也對於目録學史研究具有很高的學術價值。所以再下一番功夫，重新修訂予以出版，以應學界之需，也是一件十分有意義的事。

回顧本書當年的整理過程，頗爲感慨！一九七七年國家決定恢復研究生録取工作，這是粉碎「四人幫」之後，在文化教育事業上撥亂反正的重要舉措，是我的一大人生際遇。一九七八年十月，我如願考入西北大學歷史系，成爲中國古代史專業秦漢史方向的研究生，並幸運地成爲陳直先生的五弟子之一。當時舉國上下，對我們這一批學子關心備至，給予充分的優待。無論是在學校裏還是外出考察，無論是經費的提供還是著述的出版，都提供各種各樣的方便。而我在整理史略一書過程中，經戴南海老師介紹結識了北京圖書館古籍部李致忠和薛殿璽兩位老師。他們不僅在古籍借閲上提供幫助，而且在獲知史略校箋已成稿後，立即安排在他們主持的書目文獻出版社編輯出版。提携之恩，銘刻於心，至今難忘。

時光如梭，轉瞬本人已届八十。這幾年一直在整理舊作，欲作一總結。史略校箋自一九八七年七月出版以來，十餘年間無人再行整理。雖然上世紀末、本世紀初又出了楊朝霞、王群栗兩種校勘新作，但發明不多，流傳亦不廣。所以一則糾正校箋原版錯誤，一則吸取他人長處，使之更臻完善，尤顯必要。可喜的是，這一想法首先得到中華書局資深編輯王勖的支持，並通過她的推薦又獲得書局的首肯，重版工作得以進入實質運作。幸何如哉！幸何如哉！

目録學著作在當今學術風氣較爲浮躁之際，影響日微。但目録、版本、校勘之學，以及史源學對於傳承中華文化不可或缺，對於提高中國學術研究水平與質量至關重要，對於樹立民族自信、文化自信工作舉足輕重。希望本書出版在推動相關研究方面能起到警世作用。於願足矣！

周天游

二〇二三年十一月二十二日

草成於西安天鵝堡不捨齋

中國史學基本典籍叢刊　書目

穆天子傳匯校集釋
國語集解
吴越春秋輯校彙考
越絶書校釋
西漢年紀
兩漢紀
漢官六種
東觀漢記校注
校補襄陽耆舊記（附南雍州記）
十六國春秋輯補
洛陽伽藍記校箋
建康實録
荆楚歲時記
大唐創業起居注箋證（附壺關録）
貞觀政要集校（修訂本）
唐六典
蠻書校注
十國春秋
皇朝編年綱目備要
皇宋十朝綱要校正
隆平集校證
宋史全文
宋太宗皇帝實録校注
金石録校證
丁未録輯考
靖康稗史箋證
中興遺史輯校
鄂國金佗稡編續編校注
皇宋中興兩朝聖政輯校
中興兩朝編年綱目
續宋中興編年資治通鑑
續編兩朝綱目備要

宋季三朝政要箋證

宋代官箴書五種

契丹國志

西夏書校補

大金弔伐録校補

大金國志校證

聖武親征録（新校本）

元朝名臣事略

明本紀校注

皇明通紀

明季北略

明季南略

國初群雄事略

三朝遼事實録

小腆紀年附考

小腆紀傳

史略校箋

廿二史劄記校證

通鑑地理通釋